あなたが生まれてきた理由《わけ》

あなたが生まれてきた理由《わけ》

目次

目次

「魂の因果律」を生きる実践ガイド

あなたが生まれてきた理由《わけ》

私たちの本当の物語——。

自分には生まれてきた理由などない。
人生には目的も使命も隠《かく》れてはいない。
そんなことがあると思えるのは特別な人たち。
不思議な巡《めぐ》り合わせなど一握《ひとにぎ》りの人が感じること。
誰《だれ》もがそう思ってきた。

けれども本当は
誰の人生も特別であり、不思議なのだ。
あなたは
生まれるべくして生まれ
生きるべき「必然」を抱《いだ》いている。

人は永遠の時を生きる魂の存在――。
幾度《いくど》とない人生の経験を重ね
現在《いま》という時を選んで
新たな経験のために
誰もが望んで生まれてきた。

あなたの魂は
決して忘れることのできない
後悔を刻み
決してあきらめることのできない
願いを抱いているのだ。

なぜあなたはその人生を生きているのか
なぜあなたが今ここにいて
その現実と向き合っているのか
それを解き明かす原因と結果の法則——因果律《いんがりつ》がある。

魂の因果律——。
魂の由来《ゆらい》と人生の必然を紐解《ひもと》く因果律。
現在を遙《はる》かな過去と未来につなぐ因果律。

それを知って歩むとき
あなたの本当の物語が紡《つむ》がれてゆく。
あなたがあなたになった理由が明らかになってゆく。

はじめに

あなたを魂の存在として見てほしい

本書を通じて、私が読者の皆さんにどうしてもお伝えしたいと思っていること——それは、私たちは、永遠の生命を生きる魂の存在であり、一人ひとりがかけがえのない使命をこの世界から託《たく》されていて、実はその使命に応《こた》えることを何よりもの願いとして人生を生きているということです。そのことを私たちの生き方の中心に置くとき、人間と世界に対する深い信頼と智慧《ちえ》を現しながら、私たちの人生の現実は大きな変貌《へんぼう》を遂《と》げてゆきます。私はそれこそ、これからの時代が求めている生き方の原点だと思うのです。

誰《だれ》もが幼い頃に、こんな疑問を抱《いだ》いたことがあるのではないでしょうか。「私って一体何だろう」「私は何のために生きているのか」「私はどこから来たのだろうか。そして、どこへ行くのだろうか」。そして、今は幼いからその疑問に答えることはできないけれど、きっといつか大人になったら分かるようになる——。そう思ってきたのではないでしょうか。

しかし、現実は……。人は、大人になるにつれて、世の中についての多くの知識や常識を得て、それらに従って忙《いそが》しい日常を送るようになります。そして、時とともにそんな疑問を抱いたことも忘れて、押し寄せる要請《ようせい》に埋没《まいぼつ》して過ごしてゆくのです。たとえ「これでいいのか」と思ったとしても、「毎日、やるべきことはたくさんある。まあ、世の中とはこんなものだ、これでいいんだ」と、その生き方に納得するように流されていってしまう……。

でも、忘れないでください。どこかに消え去ってしまったように見えても、その疑問は今でも、あなたの心の奥に刻まれているのです。息を潜《ひそ》めていても、なくなってしまったわけではありません。なぜなら、その疑問は、私たちが生きる上で、本当に根本的なものだからです。そして、考えてみるなら、波瀾《はらん》に満ちた人生を生きてゆくのに、なぜ生きるのか、その理由も目的地も知らないまま、それを問わずにいるというのは、おかしなことではないでしょうか。

ですから、その疑問をもう一度、思い出していただきたいのです。その問いかけをはっきりと抱いたことのない方なら、ここで改めて投げかけていただきたいと思います。

「私が生まれてきた理由《わけ》とは、一体何なのか」

私たちが今生きている人生を全《まっと》うすることと、この疑問に答えることとは、決して切り離せないことです。だからこそ、私は何よりもまず、あなた自身を魂の存在として見ていただきたいのです。

人生を全うするためには、このまなざしが絶対に必要

あなたは、偶然生まれてきたのではありません。無意味に人生を営《いとな》んでいるのでもありません。自《みずか》ら望んでこの世界に生まれ、願いを持って人生を始めた魂の存在です。長い時をかけて、幾度《いくど》も人生を経験し、さらに新たな経験を求めてこの人生に飛び込んできた魂なのです。

そして、この人生の中であなたが出会った人々、あなたが経験した出来事、あなたが生きた時間のすべては、意味あるものとしてつながり、一つの物語を織《お》りなそうとしているのです。

私たちが自分に与えられた人生というチャンスを本当に全うするためには、どうしてもこのような、人生を魂の次元から捉《とら》えるまなざしが必要です。そのまなざし——人間の魂と世界を貫《つらぬ》く真理＝神理の体系を、私は「魂の学」と呼んできました。形のある、目に見

える世界を対象にしてきた「現象《げんしょう》の学」に対して、形のない、見えない世界も含《ふく》めた全体を扱《あつか》う「魂の学」――。それが、これからの人生と世界の基《もとい》にならなければならないと私は考えています。

本書では、そのまなざしのために、「魂の学」の中心、「魂の因果律《いんがりつ》」という神理を、読者の皆さんと一緒に尋《たず》ねてゆきたいと思います。「魂の因果律」とは、人間の魂と心と現実を結ぶ原因と結果の法則。今私たちが生きようとする現実が、実は私たちの心の反映であるばかりか、その奥にある魂の反映でもあることを示すもの。ですから、私たちは自らの心を変革することで、その現実を転換できるばかりか、私たち自身の魂のテーマをも成《じょう》就《じゅ》することができるのです。

もう一つの次元を呼び覚《さ》ました私の原《げん》体験

「魂の因果律」は、私自身の人生と、そして私が出会った多くの方々の人生によって生まれた一つの確信です。人生の中で、いわゆる霊的な体験を日常としてきた私が、人間の生きるべき道を真摯《しんし》に求めてこられた多くの方々との出会いを通じて、見出《みいだ》し確かめてきた神理です。

その神理を求める私の歩みにとって、父から受けた恩恵《おんけい》には計《はか》り知れないものがあります。会社経営のかたわら、魂が永遠の存在であることを説いて全国を行脚《あんぎゃ》した父、高橋信次——。しかし、私が人間を魂として受けとめるようになったきっかけは、まだ父が自身の行くべき道を見極《きわ》める以前のこと、私が幼い頃に経験した不思議な体験でした。

五歳になった冬のある日、家族と車に乗って両親の知り合いの家に出かけた私は、その帰路《きろ》、急に具合が悪くなって意識を失ってしまいました。両親が何度も私の名前を呼んでいるのに、まったく何も応えなかったと言います。意識が戻らない私を抱《だ》くと、父は、頬《ほお》をたたき、口に水を含んで霧《きり》を吹《ふ》いたのですが、それでもまったく反応しなかったため、私を抱いたまま近くの小児科に駆《か》け込んだのです。けれども、なかなか意識は戻らず、何度も注射を打たなければなりませんでした。

そのとき、私は、見たこともない場所にいました。どのように表現すればよいのでしょう。そこは、上も下も左も右もない空間に銀色の光が満ちていて、物だけでなく、出来事までもがすべて、光と波動《はどう》になって充満《じゅうまん》しているドームのような不思議な場所でした。自分も含め何もかもがヴェールを何枚も脱《ぬ》いでみずみずしくなり、直《じか》に触れ合わなくても波動で分かってしまうような場所――。私が感じていたのは、すべてがつながり、「大切」という気持ちがどこまでも広がっている感覚でした。全体は一つでありながら、しかも、どれもかけがえがないという宇宙との一体感、神との絆《きずな》の感覚と言ったらよいのでしょうか。そして、圧倒的な光の存在。何とも言えない安らぎ、肉体の中にいるときとはまったく異なる魂としての感覚を、私は味わっていたのだと思います。

そして同時に、私はなぜ自分が自分になったのかという覚醒感《かくせいかん》に包まれていました。私が体験してきたこと、疑問に思ってきたことの意味。言葉にするなら、「自分が生まれてきた理由、生きている理由のすべてが分かった」という感覚でした。「そうそう、そうだった――」「分かった、分かった、分かった」という想いが溢《あふ》れてきました。私は、「この気持ちを忘れたくない、絶対に忘れたくない、どうしてもこれを誰かに伝えなくては」と胸に深く刻んだのです。

気がつくと、私の意識は空中にありました。下には、心配そうに声をかける両親と私が寝ています。今の自分と寝ている自分――。「もう一人の自分」がいたのです。

医療器具を納《おさ》める戸棚《とだな》が部屋の右側にあり、その戸棚の上部に何か数字と文字が書かれたシールのようなものがはっきりと見えました。下からでは決して見えない場所です（目覚めた後でそのことを話すと、父はそれを確かめ、私に何が起こったのかを理解してくれました。そして父も同じような体験を幼い頃から繰《く》り返していたことを話してくれたのです）。

天井近くから部屋の様子を見ていた私は、また一瞬気が遠のいて、左手に針《はり》の痛みを覚えると、肉体に戻っていました。すぐに今体験したこと、そして感じたことを伝えようとしたのですが、うまく言葉にできません。あの覚醒感も瞬《また》く間に薄《うす》れてゆくのを感じました。以前にも書いたことですが、まるで太陽が山の端《は》に沈むときのようでした。山の稜線《りょうせん》に吸い込まれるように沈《しず》んでゆくと、あんなにもまばゆく確かだった太陽が容赦《ようしゃ》なく姿を消していってしまう。それと同じように、あれほどはっきりとしていた感覚が影のように感じられたのです。

ただ、何か、ぬくもりのようなものだけはしっかり残りました。「もう一人の自分」がいること、「すべてが明らかになる場所」があることは忘れることのできないものとなり、その体験は、私自身の世界に対する原体験とも言うべきものになったのです。

そしてそれは、私が普段見ているものはあのとき垣間《かいま》見た真実とは違う、という強烈《きょうれつ》な違和感《いわかん》を抱くようになったことを意味しました。今感じているものがすべてではない。たとえ目覚めていても、人間の本当の感覚は眠り続けている。「何か違う、何か違う！」という叫びが、いつも心の中に渦巻《うずま》くようになったのです。

魂の次元は私の日常となった

小学校に入った頃、毎晩のように部屋に現れた数々の霊の存在も、そのかつての体験を思い出すきっかけになっていました。また、行ったこともないような異国の海や山などの風景が突然見えたり、甲冑《かっちゅう》をつけた戦国武者が、カチャ、カチャ、カチャ、カチャと音を立てながら私の部屋を横切ってゆくということもありました。毎晩現れるので両親に相談したのですが、父も母も、まだ当時はそのことを理解できず、映画やテレビ番組の影響だと思っていたのです。私は独《ひと》りでその現実を受けとめ、その意味を尋ねてゆかなければなりませんでした。

中学生になったばかりのある日のこと、五十代の女性がわが家に泊《と》まることになりました。もともと来客の多かったわが家では珍《めずら》しいことではありません。夜、水を飲みに台所に行くため、女性の泊まっている部屋を横切ろうとしたとき、寝息に混《ま》じって女性が低いうなり声をあげました。視線を向けると、その寝姿から影のようなものが現れて天井に上がってゆき、次の瞬間、天井がスクリーンのようになって、ある光景がそこに現れました。それは、まだ十代半ばの女の子の亡骸《なきがら》を載《の》せた戸板《といた》を、六人が担《かつ》いで山の中腹を寺に向かって進んで行く光景でした。皆、粗末《そまつ》な着物を着て、激しく泣いていました。中でも向かって右側の先頭で歯を食いしばって戸板を担いでいる少女の恨《うら》みを湛《たた》えたまなざしが脳裏《のうり》に焼きつきました。また、このような様子も見えてきました。その戸板を担いでいる少女が、「姉ちゃん、苦しいよー、苦しいよー」と声を上げる女の子を背負って、お医者さんに連れて行こうとしている光景でした。それとともに、激しい腹部の痛みが感じられたのです。

翌朝、私は、その五十代の女性と話をしました。その中で、彼女には十人の兄弟がいて、そのうち三人が病気で亡くなったという話になりました。そこで私が「その中に、お腹が痛くて、苦しんだ人がいなかった？」と聞いたところ、「どうしてそれが分かるの！」と彼女は飛び上がりました。私は、昨夜見えた光景をお伝えしました。ご本人が驚《おどろ》かれたのは言うまでもありません。戸板で運ばれていたのは、腸《ちょう》チフスで亡くなった彼女の妹、そして戸板を先頭で担いでいた少女は彼女でした。

彼女は、貧しさと闘い、会社や役場に勤め、また准《じゅん》看護師をしたり家政婦になったりと、様々な仕事に就《つ》いて必死に働いてきた人生を語ってくれました。しかし、彼女はなおも苦しみの中にありました。彼女の稼《かせ》ぎに頼ろうとするご主人とそのご家族。そして主人のようになってほしくないと育てた子どもたちは、一人は今で言う引きこもりになり、職に就かず、自分に暴力を振るう毎日。もう一人は家を出たきり、寄りつかなくなってしまっているとのことでした。そして、祈祷師《きとうし》のお祓《はら》いを受け、お坊さんが言うから先祖供養《くよう》もし、毎日お経まで上げているのに、どうしてこんな状況が続くのかと、世の中の理不尽《りふじん》さを恨みとともに嘆《なげ》いていました。

神仏の力に対して疑《うたが》いを持ち続けて信じ切れず、「私はこんなにも苦労してきた」と言い募《つの》っては、家族をなじり周囲を非難し続けているこの方の想いや気配《けはい》にこそ、実はその不幸の原因があるように私には思えてなりませんでした。

しかし、人間が魂であることの意味や、魂と現実との関係の探求をまだ始めたばかりの当時の私には、そのとき私が感じている原因を彼女に伝える言葉を持ち合わせていなかったのです。そしてこうも思いました。あのとき感じた感覚を伝えることができれば、まったく違うのに……。それが叶《かな》わない。それを何とか伝えたいという悶々《もんもん》とした想いは、こうした出会いを経験するたびに強くなってゆきました。

そのような願いを抱いた私にとって、父は、かけがえのない師であり導《みちび》き手でした。ただ父は、魂のことに関するかぎり、私に対して説明よりも実際に具体的な経験を促《うなが》すという姿勢を保《たも》っていたのです。

修行のために、私はよく父に誘《いざな》われて、滝に打たれたり、火渡《ひわた》りの行《ぎょう》を体験したりする旅に出ました。まだ父自身、様々な修行法の可能性と制約を見定めようとしている頃のことです。多くは夏休みなど、休日を利用して行くのですが、一度も嫌《いや》だと思ったことはありませんでした。物心《ものごころ》がついたときにはすでに習慣になっていましたし、大好きな父と一緒の時間が過ごせることはとてもうれしいことだったのです。そして何よりも、私自身、あの幼かったときの体験をもう一度確かめ、その意味を知る手がかりを強く求めていたからです。

特に瞑想《めいそう》や禅定《ぜんじょう》には、父が最期《さいご》の時を迎えるまでよく一緒に行きました。十歳の夏、信州の父の実家から山奥にある小高い丘まで瞑想に出かけたとき、父が突然「今晩、明けの明星《みょうじょう》が出るまでここで禅定しなさい」と言い残し、帰ってしまうというようなこともありました。初めは独り残された寂しさと不安でいっぱいでしたが、禅定を続けるうち、時が経《た》つにつれて周囲の様子が感じられ、森全体に心を開くことができたのです。この時をはじめとして、幾度とない瞑想と禅定の体験は、すべてのいのちが源《みなもと》につながっているという実感を深める経験となりました。

その後、各地で講演活動を行うようになった父の手伝いをしながら、私は、魂存在としての人間への確信をさらに深めるとともに、その現実と意味を本当に知ることが、人間にとって、今を、そして未来を生きる上で、いかに大切なことかという想いを確かめ、刻んでいったのです。

「魂の因果律」に託《たく》された願い――星々の輝《かがや》きを求めて

しかし、本書に記《しる》した「魂の因果律」というまなざしは、そのようないわゆる霊的な体験や修行によってのみ導かれたものではありません。先にも述べたように、何よりも私自身が自らの人生を心を尽《つ》くして歩み、その途上《とじょう》で、人間として生きるべき道を誠実に求めていらっしゃる多くの人との出会いを通じて、さらに人生と魂について学んだ結果、結晶化したものなのです。

今から二十九年前に、私はさらなる魂の目覚めの時をもたらされ、神理の探求、実践、把持《はじ》に生涯《しょうがい》を捧《ささ》げる自らの使命を自覚しました。そして、それと時を合わせるかのように、父が急逝《きゅうせい》するという試練に出会いました。

父の最期《さいご》は、本当に澄《す》み切って、神仏の心と一つのようでした。

「あとは佳子がいるから大丈夫――」。そう周囲に告げていたという父の想いに、どれだけ応えられてきたかと思うと、ただただ胸が締《し》めつけられる想いです。それでも、親子としてではなく、魂として私に後を託した父の心は、今も私の胸に響《ひび》き続けています。

人間は、誰もが神の子であり、永遠の生命を抱く魂の存在であることを広く人々に伝えた父。では、どうしたら私たちは神の子として、永遠の魂として、今を生きることができるのか、その道を示すことが、私の使命となりました。

以来私は多くの人々――道を求める同志の方々と一緒に、魂としての生き方を尋ね、求めてきたつもりです。本書に記された「魂の因果律」という神理は、その歩みにおいて大きな節目《ふしめ》となるものです。

それは、単なる机上《きじょう》の説ではありません。本書を読まれればそれをご理解いただけると思いますが、「魂の因果律」は、私と共に歩んでくださった多くの人々の神理実践――生まれっ放し育ちっ放しの我流《がりゅう》の生き方ではなく、神理に基づいて変革され、実践された生き方――の集成《しゅうせい》なのです。

彼らは自らの現実を通して、人が生まれではなく願いによって生きることを証《あか》してくれました。どんなに厳《きび》しい人生の条件であろうと、それに呑《の》み込まれずに未来を創造できることを証してくれました。たとえ心に消し去ることのできない傷となり、恨みとなった出来事を抱《かか》えた人生でも、それを溶かし、その経験をしたからこそ与えることのできるやさしさを示してくれました。今という時にどれほどの豊かな意味が与えられているのか、それを現実に生きて証してくれました。

その一人ひとりの人生はまばゆく輝き、それは夜空に輝く星々に勝《まさ》るとも劣《おと》らないものです。そして、その輝きに、私はどれほど照らされてきたでしょうか。どれほど力強く次に進むべき道を指し示されたことでしょうか。共に歩んでいる皆さんの中には、私のことを「先生」と呼んでくださる方もいます。しかし、私にとってお一人お一人は、まさに一緒になって神理を探求し、実践し、把持して道を求めてゆく善友《ぜんゆう》にほかなりません。

なぜこの道を歩んでいるのか

私が生まれ育ったのは、東京の大田区。わが国の高度経済成長期を支えた町工場が軒《のき》を並べる地区でした。プレスの音が響き、機械油の匂《にお》いが辺《あた》りに漂《ただよ》う私の家の周囲には、たくさんのアパートがあり、そこには地方から中卒で働きに出てきた若い人たちが大勢いました。

幼い私にとって、近所に住む若い人たちは大切なお兄さんやお姉さんでした。

貧しいながらも故郷に仕送りをし、週一回、故郷に電話するためのお金をつくるために、爪《つめ》に火をともすような生活をしていたお兄さん。私と遊んでくれた後には、アパートの小さな部屋でキャベツを入れた即席《そくせき》ラーメンをつくってくれ、「俺は技能を身につけ、一流の職工《しょっこう》になるんだ」とその夢を聞かせてくれました。また、ミカン箱をカーテンで綺麗《きれい》に装飾《そうしょく》して、ちゃぶ台や本棚にして生活し、「私はね、いつか幸せな結婚をするのよ」と語っていたお姉さん。貧しいながらも、常に明日を信じて、口々に自分の夢を語り、目を輝かせるそんな人たちが、私は大好きで仕方がありませんでした。だからこそまた、そのお兄さんがプレスの作業中、指を落とす事故に見舞われたときの衝撃《しょうげき》、そしてお姉さんが、結婚の約束を交《か》わした相手の家族に、その出生地を理由に反対され、故郷にひっそりと帰らなければならなかったときの悲しみは忘れることができません。

一方、そうした若い人々を雇《やと》っている会社の経営者の方が、従業員と同じくらいの年齢のわが子に車を買い与え、まだ工場では作業が続いているのに、自分の子どもたちを連れて野球のナイター観戦に行く様子に出会ったりすると、何ともやりきれない想いを抱いたものでした。

まじめにつつましく生きている人々に災厄《さいやく》が降りかかり、うまく立ち回っている人が地位を得、立場を得てゆくのはなぜか。一方では生きたくても生きられない人もいるのに、一方では易々《やすやす》と命を断《た》ってしまう人がいる。これをどう考えればいいのだろう。人間とは何なのか、生まれながらにして運命は決まっているのか、世界はどうなっているのか、不《ふ》条理《じょうり》や理不尽さは何のためにあるのか。本当のことを知りたい、真実を知りたいという疼《うず》きが、ずっと私を衝《つ》き動かしてきました。

生まれがどうであろうと、育ちがどうであろうと、毎日を誠実に懸命《けんめい》に生きている人たち――。このような人たちこそが幸せにならなければならない。このような人たちが本物の人生を歩めなければならない――。その想いは今日に至るまで、変わることはありません。そして、その答えを見つけるための、あの幼いときの体験であり、その後の人生の歩みだったと私は信じて疑いません。

私たち人間は、一人ひとりが輝くことができるのです。そのために、魂としての生き方にぜひ目を開いていただきたい。そして、魂としての生き方を始めていただきたいと願わずにはいられません。

この本を手に取ってくださったあなたに――。

「魂の因果律」に基づく生き方に共感し、賛同《さんどう》してくださる人を、私は求めてやみません。魂としての新しい生き方を一緒に始めてゆきませんか。そして、新しい魂の時代を一緒につくっていただきたいのです。あなたの新しい一歩がその礎《いしずえ》であることを私は信じます。

人間でなければ現すことのできない魂の輝きを取り戻そうとするすべての人々に、本書を贈らせていただきます。

二〇〇五年九月

高橋佳子

1 人は偶然に生まれてきたのではない

偶然の連なりのように見える出来事や出会いの数々——。しかし、それは本当だろうか。私たちの誰《だれ》もが心のどこかで、起こるべくして起こる出来事があると知っている。偶然を超えた意味、出会いを結びつける必然の糸のことを思っているのではないか。

◎実感は「必然」ではなく「偶然」

「偶然」と「必然」。心に残る強い言葉です。人生に起こった出来事について、きっと誰もが一度は、それは「偶然」なのか、それとも「必然」なのか、考えたことがあるでしょう。

強く意識しているわけではなくても、私たちは、普段の日々に生じる現実の多くは「偶然」に生じているようなものだと感じているのではないでしょうか。コインを投げて表か裏が出るのと同じように、私たちの日常には取り立てて脈絡《みゃくらく》もなく意味もない「偶然」の出来事や、「偶然」の出会いが並んでいる——。たとえ因果《いんが》関係があっても、自分にとって大きな意味があると思えるものは稀《まれ》。ほとんどは、その意味などないも同然というのが実感ではないでしょうか。

望ましい結果や出来事に恵《めぐ》まれたときに「ラッキー、ついてるぞ」とつぶやき、都合《つごう》の悪い出来事や望ましくない結果が生じたときに「ついてない。何て運が悪いんだ……」と言うのも、降りかかってくる出来事の多くを「偶然」として受けとめている感覚の証拠《しょうこ》でしょう。

一つ一つの出来事に意味を見出《みいだ》そうとする「必然」の感覚よりも、すべては「偶然」という感覚の方がクールだと感じる人もいるかもしれません。

◎本当に「たまたまの人生」なのか

けれども、どうでしょう。本当にすべてを「偶然」にしてよいのでしょうか。「偶然」で片づけられるのでしょうか。もしそうだとしたら、何よりもそのことに私たち自身が空《むな》しさを感じるのではないでしょうか。それればかりか、私たちは、この「偶然」の感覚に慣れてゆくにつれて、どういうわけか「孤独」になっていってしまうのです。

自分の人生に訪れる出来事が「偶然」のものであるならば、その一つ一つの出来事と自分の結びつきは強いものではないはずです。自分はたまたまこの出来事に遭遇《そうぐう》しているけれど、この出来事でなくてもよかったし、自分でなくてもよかった。この人と出会ったけれど、それはたまたまで、この人でなくてもよかった……。そうやって、一つ一つについて考えてゆくと、私たちには確固《かっこ》としたものなど何もない。どうでもよかった人生、たまたまこうなっただけの人生があるだけです。

そうです。「偶然」の感覚がもたらす一番の影響は、私たちを世界から切り離してしまうことではないでしょうか。世界と私たちを強く結びつけるものは何もない。世界は私たちの意志とは無関係に存在し、動いている。他の人々だって私たちとは関係なく生きている……。

確かに太陽を中心に水星、金星、地球、火星、木星、土星……がつくり上げている精緻《せいち》な回転とバランスのシステムに、私たちの意志を介入《かいにゅう》させることなどできないことは明白《めいはく》です。

また、日々、自分とは無関係に世界は動いていて、私たちが病気になっても、いなくなったとしても、何も世界は変わらないように見えます。交通のシステムも経済活動も、人々の生活も変わりなく営《いとな》まれるとしか思えない——。

結局、世界は私たちの意志や努力が及ばないものであるとあきらめ、その中で自分は独《ひと》りだと思い込んでも不思議はありません。

「私は宇宙の中の孤児《こじ》——」。突きつめてゆくなら、そう思わせるのが「偶然」の感覚というものなのです。

◎誰もが「必然の出会い」を生きることができる

しかし——。人生は、決して「偶然」だけのものではありません。

一見「偶然」にしか見えない出会いに、「偶然」を超えた意味があったと思える——。そんな出会いは、本当は誰にも思い当たるのではないでしょうか。あの出来事があったから今の私がいる。この人と出会ったから私の今日がある……。何気ない出会いが運命的とも言える出会いになることもあるでしょう。

それればかりではありません。「あの人に出会いたい」と思っていたら、街でばったり出会ったという共時《きょうじ》的な体験や、「この仕事をしてきて、本当によかった。この仕事こそ、自分にとって天職《てんしょく》だ」と実感した瞬間、あるいは、「あのとき病気になったからこそ、立ち止まって、人生を考えるきっかけになった。一番大切なものは家族だった。もしあのとき病気になっていなかったら、分からなかった」という経験……。

振り返ってみれば、私たちの人生には、とても偶然の産物とは思えないような出来事や出会いが散りばめられているように感じるのです。

◎運命的な出会い――イチロー選手、北島選手の場合

米国大リーグでめざましい活躍を見せるイチロー選手や世界的なスイマー（水泳選手）である北島康介《きたじまこうすけ》選手にも、「必然の出会い」がありました。

イチロー選手がドラフト四位指名でオリックス・ブルーウェーブに入団した当時、活躍する可能性については未知数の選手であったことはよく知られています。仰木彬《おおぎあきら》監督の大《だい》胆《たん》な起用によって入団三年目にレギュラーとして定着したイチローは、その年、いきなり日本プロ野球史上初の一シーズン二百本安打を達成し、天才的なバッターとして開花したのです。仰木監督との出会いは、イチロー選手の未来を大きく変えました。イチロー選手

自身が「仰木監督は、僕にとって唯一《ゆいいつ》の師と言える人」と語っているほど、その出会いは決定的で運命的なものだったのです。

また、北島選手も一人のコーチとの出会いによって、選手としての道を開く結果になりました。もともとそれほど体格に恵まれていたわけでもなく、全国的に注目もされていなかった中学生、北島選手に着目したのが、平井伯昌《のりまさ》コーチでした。

平井コーチは、北島選手の「目」に宿る光の強さ――いわば、「人間力」とも言うべきパワーを感じて、周囲の反対を説き伏《ふ》せて、北島選手と共に四年後のシドニーオリンピック、そして八年後のアテネオリンピックをめざすことを決めたのです。そしてそれが、二つの金メダルに結実《けつじつ》しました。

この出会いは、指導者としての平井コーチにとっても、特別な出会いとなりました。この八年間を振り返って、「北島康介というスイマーを預かることで、選手の成長を待ちながら選手を育てることを、康介は私に教えてくれた。そして、康介は『あきらめないこと』も教えてくれた」と、その著書の中で記《しる》しています（『世界でただ一人の君へ』平井伯昌著、幻冬舎刊より）。

◎あなたの人生にも運命的な出会いが

けれどもやはり、運命的な出会いなんて、特別な人だけに与えられるもの——。そう思う人は少なくないかもしれません。しかし、そうではないと私は思うのです。

先の二人が得た「必然の出会い」が、その秘密を教えているように思います。イチロー選手も北島選手も、最初からその出会いが決定的になるとは思いも寄らなかったでしょう。どれほど運命的な出会いでも、最初から運命的に見えるとは限りません。最初から充足《じゅうそく》し、完成している「必然の出会い」などないのです。初めは「たまたま」出会ったとしか思えなかったのに、その後の時間によって、その出会いは「偶然」を超える意味を帯《お》びてゆき、決定的で運命的なものになっていったのです。

あなたの人生にも、運命的な出会いがすでに与えられていると私は思います。そもそもあなたが生まれたこと自体が運命的であり、あなたがあなたとして生きていることが運命的です。

大切なことは、「出会い」は変貌《へんぼう》してゆくこと、変貌させることができるということ——。私たち自身の生き方によって、「偶然の出会い」が「必然の出会い」になってゆき、その姿を現してゆくのです。

◎人生はあなたの問いかけに応《こた》えてくれる

人生に訪れた、忘れることのできない出会いには、「偶然」を超えた意味が必ず託《たく》されています。

「なぜこんな目に遭《あ》わなければならないのか?」

「なぜこんな家族の下《もと》に生まれてきたのか?」

「なぜあの人と出会ったのか?」

「なぜこの人生だったのか?」

「なぜここにいるのか?」

もしあなたが、人生の中でこんな問いかけを自《みずか》らの心にぶつけたことがあるならば、あなたはその答えを人生の中に、もうすでに探し始めているのです。

大切な人を失ったこと、背負いかねるほどの大きな試練に襲《おそ》われたこと、取り返しのつかない失敗をしてしまったこと……、その後の人生を左右するような出来事や出会いは、ただそこに「偶然」に存在しているわけではありません。その出来事、その出会いは、あなたの人生に存在しなければならなかった意味を抱《いだ》いているはずです。

その出来事と出会いをあなたの人生に結びつけている必然の糸が必ずある――。あなたは、人生からそれを探すことを呼びかけられているのです。

2 人生は「本当の物語」を紡《つむ》ごうとしている

どんな人生にもその人生が現そうとしている何かがある。それは、人生の目的とも人生の使命とも言うことができるかもしれない。肝心《かんじん》なことは、良いときばかりではなく悪いときも含《ふく》んだ人生全体が語ろうとしている物語があるということなのだ。

◎人生の亀裂《きれつ》が求めさせた確実な生き方

冷たい雨に煙《けむ》る町角で、夢にまで見た人を見かけたあの日のことを、今でも古村新《こむらしん》さん（六十代・仮名）は忘れることができません。

古村さんは、人生に家族との深い痛みを抱《かか》えてきた方です。今から五十年前、友人と一緒に事業を興《おこ》した父親は、共同経営者であるその友人に裏切られて突然窮地《きゅうち》に立たされました。追いつめられていった結果、父親は「俺《おれ》は俺の道を行く。お前たちは勝手にしろ」と言い残して、家族の前から忽然《こつぜん》と姿を消してしまったのです。それ以来何の連絡もなく数十年の時が過ぎてゆきました。

祖父や母親は、自分たちに困苦《こんく》をもたらした父親のことを話すときは、決まって「困ったものだ」とつぶやきました。「困ったものだ、困ったものだ……」、そう聞かされた古村さんは、父親のような「困った」存在には決してならないことを信条《しんじょう》として生きるようになっていました。そして、大学を出て、家庭をつくり、会社を興して軌道《きどう》に乗せ、着実な人生を送りながらも、どこかで父親のことをずっと気にかけていたのです。

◎「魂の道」と出会った転換点

私が古村さんと出会ったのは、その頃でした。古村さんは、心惹《ひ》かれて人生と魂のことを学んでゆきました。人は永遠の生命を抱《いだ》く魂の存在であり、誰《だれ》もがこの人生に目的と使命を持って生まれてくること。魂にとって人生とは新たな経験であり、その試練を通じて成長してゆくこと。すべての人が生まれ育ちの条件——「三つの『ち』」（血地知《ちちち》）（一一六頁参照）に束縛《そくばく》され、出口の見えない洞窟《どうくつ》のごとき宿命に囚《とら》われること。しかし、その不自由な現実から出発しながら、それでも必ず一人ひとりに与えられている人生の目的と使命を生きることができること……。

古村さんは、一人ひとりがただ生きるということの中にどれほどの重荷《おもに》を背負うことになるのか、人間に対するいとおしさを噛《か》みしめてゆかれたのです。

◎潮《しお》が満ちるように「その時」は訪れる

そして、その歩みが古村さんの父親に対する想いを変えてゆきました。父親もまた、三つの「ち」を宿命として引き受けなければならなかった一人であり、如何《いかん》ともし難《がた》い不自由さを囲《かこ》った一人だった——。なぜ父親が出奔《しゅっぽん》しなければならなかったのか、父親に降りかかった、どうにもならない試練。父親の人生の条件は、それを受けとめることを許さなかった。きっと苦しんでその選択《せんたく》をしたはず——と、父親を許せる心境に導《みちび》かれていったのです。

長い年月が流れ、子どもたちを女手一つで育ててくれた母親が年老い、体も弱ってきました。そして、その母親にもうあまり時間が残されていないことが分かったとき、潮が満ちるように、古村さんはそれまで母親を気遣《づか》って決して言い出せなかった自分の想いを伝えました。

「母さんにとって父さんは罪人《ざいにん》かもしれないけれど、自分にとっては血のつながった父親。だから父さんを捜《さが》し出して一緒に暮らさせてほしい……」

すると母親は、予想に反してそれを許してくれたのです。そればかりか、不思議なことに「父さんはいい人だった。私がわがままだった」と語りました。長い間タブーになっていた父親のことを通して、親子が深く出会えたひとときになりました。

ほどなくして母親は、人生の幕《まく》を閉じました。それから、古村さんは、母親が最後に伝えてくれた気持ちを頼《たよ》りに、父親の消息《しょうそく》を懸命《けんめい》に尋《たず》ね始めたのです。幾《いく》つもの手がかりが浮かんでは消えてゆきました。聞こえてくる便りはたくさんあったのですが、どれも確かとは言えないもので、あちこちを尋ね回っても、父親の行き先は結局分かりませんでした。

◎心に届いたヴィジョンに導かれて

ところがそんなある日のこと、古村さんの心に突然、〝もしかしたらここにいるのではないか〟というヴィジョンが浮かんできたのです。引っ張られるようにその場所に車を飛ばしました。雨が降る夕暮れで、見通しが悪いときでした。めざす場所近くの交差点に着いてしばらくすると、年老いた一人の男性が向こうから歩いてきたのです。古村さんは、一目見た瞬間に蒸発《じょうはつ》した父親だと直感しました。二十年以上の年月は、その姿形をまったく変えてしまい、かつての面影《おもかげ》はありませんでしたが、息子である古村さんには分かったのです。

古村さんは、こうして父親との再会を果たし、願った通りに一緒に生活し始めましたが、そのときすでに父親の体は病《やまい》で蝕《むしば》まれ、結核《けっかく》で肺に穴があいてぼろぼろの状態でした。

残された時間、何とか生きがいを持ってもらいたいと、古村さんは会社での仕事を考えたり、近くに畑を用意してそこで何かをつくってもらおうと準備したりしましたが、やがて認知症が始まり、体も衰弱《すいじゃく》して帰らぬ人となったのです。

しかしそれでも、その限られた時は何と不思議な輝《かがや》きを放っていることでしょう。古村さんとその家族の人生に深く刻まれた父親の思い出と痛み――。かつては考えてもみなかった父親との再結《さいけつ》（絆《きずな》の結び直し）が、両親の死期に合わせるかのように果たされ、癒《いや》される出会いが訪れたのです。

人生に痛みを与えたこの世界に対する不信感――。その不信によって読み解かれていたかつての古村さんの人生は、まったく変貌《へんぼう》してしまいました。今、古村さんが描く自《みずか》らの人生の物語は、人間と世界に対する深い信頼に満ちたものになったのです。

◎人生が完成させようとする「本当の物語」がある

それは、古村さんの人生だけではありません。私たちの人生のすべてが、そのようにそれまではまったく見えていなかった姿を現すために、無数の出会いや出来事を一つの物語に紡ごうとしているのです。

野山に降った雨水が偶然のように流れをつくり、気まぐれに左に曲がり右に曲がっては土を削《けず》り、小石を押し流してゆくように、私たちの人生はその時々の条件や状況によって変化しながら次々に様々な現実を生み出してゆきます。

その時々に勝手に起こるように見える出来事。たまたま訪れた人々との出会い。通り過ぎるように生じては消えてゆく記憶。人生に傷跡《きずあと》のように刻まれた悲嘆《ひたん》と涙、そして泡沫《うたかた》のような淡《あわ》い歓《よろこ》び、まばゆくも壊《こわ》れやすい充実と輝き……。そのすべてはそのとき、その場の中で生じる現実です。しかし、それらはただそのときだけの理由でバラバラに、脈絡《みゃくらく》なく生まれ、存在しているわけではないのです。

偶然に偶然を重ねて、野山を流れていた無数の小さな流れは、いつの間にか川の流れをつくり、やがて揺《ゆ》るぎない大河の流れとなって、必然として、一つの大海に注《そそ》いでゆきます。同じように、人生に連鎖《れんさ》する出会いや出来事は、そのときその場の理由で生じ、連鎖するように見えて、それらの一切を結ぼうとする一つの場所に向かっているのです。かけがえのない物語——あなたの人生は、無数の出会いや出来事を紡いで、最初からは見えない「本当の物語」を示そうとしているのです。

3 「試練」という魂の感覚がある

人生を歩めば、誰《だれ》もが多くの困難と出会うことになる。でもそれは、ただの苦痛や苦境《くきょう》というものではない。自分が試《ため》されている「試練」として存在しているのだ。「その苦難が自分を試している」と思えるとき、私たちはもうすでに魂の道を歩んでいるのである。

◎「試練」はない方がいいか

受験の失敗、就職浪人《ろうにん》、失恋、リストラの通告、会社の倒産、交通事故、離婚、知人との仲違《なかたが》い、両親や伴侶《はんりょ》との死別、地震や台風での家屋《かおく》の喪失《そうしつ》……。

突然の災厄《さいやく》や理不尽《りふじん》とも思えるような現実。「どうしてこんな目に遭《あ》わなければならないんだ!」「どうしたらいいのか分からない」と叫び、ときには「神も仏もあるものか」と運命を呪《のろ》い、人生に絶望せざるを得ない——。そんな経験をした人はもちろんのこと、そこまで追い込まれたことはないという人でも、「できることなら、試練はないに越したことはない」と、大抵《たいてい》は考えるのではないでしょうか。

だから、できるだけ試練に出会わずに済《す》むように、安定した立場を求め、財産も蓄《たくわ》え、社会的な名声もある方がいいに決まっていると考えます。けれども、試練を回避《かいひ》するために一生を費《つい》やすというのなら、そもそも何のための人生かということになってしまうでしょう。

◎極限の「試練」を受けたヨブの疑問とは

究極《きゅうきょく》とも言うべき試練を受けた物語が、聖書に記《しる》されています。信仰にあつく、勤勉で心正しい生活を送っていたヨブを主人公とする物語。本当の信仰を持つ者などいないと主張する悪魔と賭《かけ》をした神から、ヨブは家畜を奪《うば》われ、子どもを奪われ、体中に膿《うみ》を持つできものを与えられるという、多くの理不尽な試練と苦痛をもたらされました。それでもただ一つ信仰を頼《たよ》りにじっと耐《た》えていた義人《ぎじん》ヨブが、ついに堰《せき》を切ったように神に対する抗議《こうぎ》の言葉を発する場面は、私たちの胸を打たずにはおきません。

「なぜわたしをとがめ立てし、過《あやま》ちを追及《ついきゅう》なさるのですか。わたしが背《そむ》く者ではないと知りながら、あなたの手から、わたしを救いうる者はないと知りながら。御手《みて》をもってわたしを形づくってくださったのに、あなたはわたしを取り巻くすべてのものをも、わたしをも、呑《の》み込んでしまわれる」（『ヨブ記』一〇・六〜八）

人生に試練を受けたことのある方なら、このヨブの直訴《じきそ》はとても他人事とは思えないものがあるでしょう。それは、ヨブの言葉であると同時に、試練にさらされる私たち人間の心情だからです。

なぜ私は、こんな理不尽な試練に甘んじなければならないのか――。

多くの試練を背負わなければならないのが人生であり、究極人生は、一切を無に帰《き》してしまう「死」を避《さ》けることができない。だとするならば、突きつめれば突きつめるほど、「生まれてきたこと自体がそもそも誤りなのか」と、深いニヒリズムに呑まれても、何の不思議もないように感じます。

試練はただ単に、私たちに不安や苦痛をもたらすものなのか。試練は本当に、ないに越したことはないのか。そもそも試練とは、私たちにとってどんな意味があるというのでしょうか。

◎「試練」は大切な意味を運んでくる

私は、人生の試練を抱《かか》えた多くの方々と出会ってきました。それまでの人生をお伺《うかが》いし、長い年月をかけて同伴《どうはん》させていただいた方に限っても千人を超えます。それらの方々の足《そく》跡《せき》が教えてくれるのは、試練はただ嫌《いや》なことでも、避けるべきことでもなく、そこには大切な意味が隠《かく》れているということです。ただ、その意味を見出《みいだ》すことがなかなかできないために、苦しみや苦痛としか思えないのです。

そのことを私は、「試練は呼びかけ」という言葉でお伝えしてきました。「呼びかけ」というのは、試練が私たちの心に向かって雄弁《ゆうべん》に、豊かに、智慧《ちえ》深く語りかけてくるからです。

ときに試練は、私たち自身の「生きる姿勢は大丈夫か」と問いかけてきます――。「もっと明るく、素直に、誠実に生きること。頑《かたく》なな心を溶《と》かし、受容《じゅよう》的な心で生きよ」と誘《いざな》ってくれます。

またあるときは、長い間捻《ねじ》れていた関わりを結び直し、友情の絆《きずな》に結ばれた新しい関わりを育むことを促《うなが》す呼びかけである場合もあります。

そして、「私はこのために生まれてきた」「私が果たしたかったことは、このことだった！」と、本当の願いとは何であるのかを、私たちの心に伝えてくる場合もあります。試練を通して私たちは、新しい自分、新しい人生を発見することができます。人間としての真の成長を果たす鍵《かぎ》が、まさに試練の中に隠されているのです。

◎どうしてこんな目に遭わなければならないのか

現在、東京都内の病院で外科部長をされている村上昇さん（五十代・仮名）もまた、そのことを実感されるお一人です。今振り返ると、自分の医師としての道は人生の試練と分かち難《がた》く結びついたものであると、村上さんは痛感されているのです。

村上さんは、江戸時代に大名に召《め》しかかえられた医師、いわゆる御典医《ごてんい》の家系に生まれました。医師であり地域の名士でもあった父親の下、兄弟の全員が医師の道を選んでいて、村上さんにとっても医師になることは、考えなくても最初からその道しか存在していないかのような自然で必然的な選択《せんたく》でした。

それでも、村上さんには「医師になりたい」と志《こころざ》した原点がありました。幼い頃、風《か》邪《ぜ》で寝込んでいた父親が、「急な病気でぜひ診察してほしい」と夜中に窓ガラスをたたいて訴《うった》える方のために、病《やまい》を押して診察をした姿に憧《あこが》れを抱《いだ》いて「自分も父のように生きたい」と思ったのです。

医師への道を歩もうと心を決めた村上さんに、その後、医師の道を問われる幾《いく》つかの試練が降りかかります。一つは、自らが高校時代に遭遇《そうぐう》した交通事故でした。あわや右手切断というほどの大きな事故に遭いながら、外科医の先生が見事に手術をしてくださって事なきを得たことは、その後外科医への道を選ぶきっかけとなりました。

そして、もう一つ忘れることのできない出来事は、医師になった後に直面した妹さんの舌癌《ぜつがん》でした。「どうして妹がこんな目に遭わなければならないのか。妹に一体何の罪があるのか。神も仏もあるものか」、妹さんを大切に思うがゆえに、その知らせを聞いたときのショックは言葉に表せないほどでした。

しかも、自ら医師として何とか妹さんのために尽《つ》くしたいと願っても、「どう生きたらいいか分からない」と訴えかける妹さんに対して、何ら応《こた》える術《すべ》を持ち得なかったのです。自分が修得してきた医療の知識や技術は、何の役にも立たない。それどころか、妹の心を癒《いや》すこともできないのか――。それは、村上さんを痛打《つうだ》してやみませんでした。

それまで数え切れないほどの患者さんを診《み》ていたのに、患者であって血の通《かよ》った人間として本当には受けとめていなかった。医師として、要領よく手早くやることこそ大事で有能な証拠と思ってきた村上さんでした。そんな村上さんがこのときから、人が抱える病の現実に向き合うようになったのです。

「なぜ人は、病という試練を受けなければならないのか。病気とは、一人ひとりにとって、どういう意味があるのか」――それが日を追うごとに切実な問いになってゆきました。医師として日々接する患者さんの痛み、そしてご家族の痛みが他人事とは思えず、真剣にその意味を尋《たず》ね続ける日々が続きました。しかし、その答えはなかなか見出すことはできなかったのです。

◎「試練」があるから、人は成長し、人と深く出会うことができる

その村上さんにとって、大きな転機になったのは、TL《トータルライフ》医療の勉強会で*注「病は呼びかけ」「試練は呼びかけ」というまなざしと出会ったことでした。

病は、人に苦痛や障害を与えるばかりのものではない。病をきっかけにして、人は本当に大切なものに目覚めることができる。病という試練によって、人間性を豊かにし、人間的な広がりや包容力《ほうよう》、強さを抱くことができるようになる――。

単に肉体を治癒《ちゆ》するだけではなく、患者さんが抱く苦悩や葛藤《かっとう》を受けとめ、病という試練が抱く呼びかけに応えて歩むことができるように同伴してさしあげることこそ、医療者の使命であると自覚されたのです。

そのようなまなざしを心に抱いて患者さんに接し、一緒になって呼びかけを聴こうとしたとき、それまでの村上さんでは決して生み出せなかった現実が生まれてきました。例えば、死の恐怖に呑み込まれ、耐え難い想いを抱えていた患者さんが、自らが不治《ふち》の病であることを従容《しょうよう》として受け入れ、死に向き合う強さを抱くようになられたり、長年捻れたご家族との関わりで苦しんでいた患者さんが、その病をきっかけとして、どうすることもできなかった家族の関係を修復されるようになっていったのです。

病は、大変な苦悩や葛藤を人に与える。けれども、「試練は呼びかけ」というまなざしを抱いて関わってゆくと、患者さんの中から、まったく新しい人格が生まれ、新しい人生が開かれてゆく。確かに病は肉体的な痛みを伴《ともな》うが、その苦しみの向こうには、必ず人間が成長できる道が用意されている――。それは、村上さんの中で確かな実感となってゆきました。

そして今、村上さんは、ご自身がなぜ、医師として歩んでいるのか、その人生の必然と向かい合われています。代々が医師の家系で、父親が立派《りっぱ》なお医者さまだったこと。高校時代に交通事故を起こし、右手切断の危機を外科医の先生に救っていただいたこと。そして妹さんが舌癌に罹《かか》ったこと。……村上さんの人生に訪れた一つ一つの試練が、自らの使命――病という痛みを抱える患者さんに同伴し、癒してさしあげる真の医療者となること――を呼びかけていたことに目覚めた村上さんは、人生をかけてその呼びかけに応えようとされています。

◎「試練」に出会うために、私たちはこの世界に生まれてきた

昆虫は、脱皮《だっぴ》によって姿形を変えることで大きく成長してゆくことが知られています。人間は姿を変えることはありませんが、しかし、試練に出会うたびにその心を新たなものにして成長してゆくことができます。

試練があるから、人は自らを深化《しんか》させることができる。試練があるから、魂を成長させることができる。試練こそ、人生の宝、賜《たまわ》り物と言えるでしょう。まさに試練は、人間を脱皮させるものなのです。

逆に言えば、試練に出会うために、私たちはこの世界に生まれてきたと言っても過言ではないのです。人生とは、人間の魂が深化・成長するように創《つく》られているものであり、そのために、大いなる存在――神が用意した「魂の指南書《しなんしょ》」ではないかと思うのです。そして試練は、その深化・成長のための必須《ひっす》の通過点――節目《ふしめ》にほかならないのです。

皆さんも、試練に直面したら、ぜひ耳を澄《す》ませて尋ねていただきたいのです。今直面している試練は、私に何を呼びかけているのだろうか。何に気づけ、何をせよと言っているのだろうか、と――。そこには必ず未だ開かれていない、新しい道が待っているのですから。

◎「試練」は人生に贈られた言葉

時を重ねるほど、私は、私たちの人生そのものに贈られた言葉があるということを強く感じざるを得ません。その中でも、「試練」という言葉は、特別の贈り物だと思えます。

人生から切り離すことのできない人間の苦難――突然の病や事故、願いに向かう歩みの挫折《ざせつ》、耐え難い苦境、心からの友情に対する裏切り――。それを人々は「試練」という言葉で受けとめてきました。

「試練」には、もともと、「決心や実力の程度、信仰の確かさなどを試される苦難」という意味があります。すなわち、「試練」という言葉を使うとき、人は知らず知らず「その苦難が自分を試しているのだ。きっと呼びかけられていることがある」と受けとめているということでしょう。

そしてそう思えるとき、私たちは、人生の苦難を魂の経験として受けとめることができるのです。一回生起《いっかいせいき》の人生を生きる魂が、かけがえのない時と場として受けとめるべき条件の一つ――。「試練」とは、そのような現実、あなたの新たな人生を導く魂の感覚であると私は確信しています。

＊注　「TL《トータルライフ》医療の勉強会」――著者・高橋佳子氏が提唱する「魂の学」を基とした医療実践をめざす医療従事者有志による研究会。（以下、注は編集部による）

4 私たちは「忍土《にんど》」に生きている

世界の現実は、いつも試練や葛藤《かっとう》、理不尽《りふじん》さと背中合わせの「忍土」である。私たちが知らなければならないのは「この世は天国ではない」という事実である。では、なぜ私たちは忍土に生きているのだろうか。

◎「この世は天国であるべきだ」という感覚

「この世は天国か?」——そう尋《たず》ねられたら、あなたはきっと即座《そくざ》に、「天国であるはずがない」と答えるのではないでしょうか。

でも、考えてみていただきたいのです。例えば、思い通りにならないとき——。相手が言う通りに動いてくれない、周囲がルールに則《のっと》ってやってくれないと気分を害して怒ったり、自分のプライドを少し傷つけられただけで、恨《うら》んでしまったりする。そんなことはありませんか?

少し理不尽なことが起こるだけで、「どうしてこんな目に遭《あ》わなきゃならないの」と被害者意識に陥《おちい》ってしまうのはなぜなのか……。

そこには、結局のところ、「この世界は約束通りに動くべき」「理不尽なことがあってはならない」「他人に迷惑をかけるような人は、いてもらっては困る」「心から話せば分かってくれるはず」というような想いがあるということではないでしょうか。そして、それはまさに、「この世は天国であるはずだ」という感覚の裏返しではないかと思うのです。

◎天国を求めてしまう理由《わけ》がある

そして、人間にはそうならざるを得ない理由があります。私たちの人生の始まりである母親の胎内《たいない》は、まるで天国とも言うべき、絶対的な安息《あんそく》の場所だからです。恐れや不安を抱《いだ》くこともなく、守られ、包まれていた記憶が、私たちの意識の根底に湛《たた》えられる——。とすれば、生まれて以降、同じような安心の場所を求めようとするのは、自然なことではないでしょうか。

自分の言うことを聞いてくれる両親や周囲の大人たちの愛情も、この前提を強めるようにはたらくでしょう。自分の思い通りに生き続けることができると錯覚《さっかく》しても不思議はありません。そうやって私たちは、幼い頃から変わることなくずっと心の底で、「この世」はすべてが自分の思い通りになる「天国」であってほしいと思い続けているということです。

◎この世は二つの定《さだめ》に支配される「忍土」

もちろん、この世は天国ではありません。自分の思い通りになどめったに事は運ばれず、現実は、いつも試練や理不尽さと背中合わせです。

この世は天国ではないという事実——。それを私は、「この世は忍土である」と、仏教の言葉を使って表現してきました。

「忍土」とは文字通り、心の上に刃《やいば》を乗せて生きる場所、堪《た》え忍ばなければならない場所を指すものです。その忍土に生きることは、つらいこと、堪え難《がた》いことを受けとめなければならないということなのです。

そして、忍土は、釈尊《ブッダ》が示した「諸行無常《しょぎょうむじょう》」「諸法無我《しょほうむが》」の理《ことわり》に対応する二つの法則——

「崩壊《ほうかい》の定」「不随《ふずい》の定」に貫《つらぬ》かれているのです。

「崩壊の定」とは、すべてのものは時が経《た》てばやがて滅《ほろ》び、消え去ってゆくという定です。ようやく手に入れた幸せや安定や成功を保持《ほじ》したいと思っても、世界の理が許さないということです。

そしてまた、その幸せや安定や成功は、独立して存在しているわけではありません。様々な物事、多くの人々との関わりの中に存在しているものでしょう。ですから、自分一人がその存続《そんぞく》や拡大を願ったとしても、思い通りになるものではないのです。現実の世界は無数の関わりと数多くの想いによって成り立っているものだからこそ、自分が自由に左右できるものではないと教えているもの、それが「不随の定」です。

◎私たちが「忍土」に生きる理由がある

私たちは、自《みずか》らの意向にかかわらず、この二つの厳粛《げんしゅく》な定によって夢や願望を打ち砕《くだ》かれ、思惑《おもわく》や計画の頓挫《とんざ》という現実を経験してゆきます。期待外《はず》れの現実も、約束の反故《ほご》も、予期せぬ出来事もそうでしょう。いつどんな出来事が起こっても不思議はなく、望まない現実も容赦《ようしゃ》なく降りかかります。貧しさ、病気、暴力、別離、事故、災難、戦争……。自分自身や周囲はもちろんのこと、新聞紙上やテレビでも相次《あいつ》いで報道される悲惨《ひさん》な出来事を見れば明らかです。

地球上に根本的な困苦《こんく》を生み出す貧富の差の拡大、希望すら持てないようなイラクの混乱とパレスチナとイスラエルの対立、頻発《ひんぱつ》するテロ、年間三万人を超えるわが国の自殺者、幼児の虐待《ぎゃくたい》やいじめの問題、二十七万人以上が犠牲《ぎせい》となったスマトラ島沖地震と大津波、台風や大雨の被害など天変地異《てんぺんちい》の数々……。

いつ何が起きるか分からない。痛みや困難に見舞われない人生は皆無《かいむ》と言ってよいはずです。そもそも私たちの人生の成り立ちそのものがそうです。生まれたなら、人はほとんど無自覚に人生の生き方を教えられます。両親の価値観や生き方（血《ち》）に支配され、地域や身を置く場所の常識（地《ち》）に縛《しば》られ、時代の価値観（知《ち》）に翻弄《ほんろう》される。この「三つの『ち』」（一一六頁参照）は、自分ではどうすることもできないものです。

大人になってゆくということは、如何《いかん》ともし難い多くの事実を知り、受け入れてゆく歩みにほかならないでしょう。そして、重要なことは、私たちはそのような「忍土」になぜ生きているのか――、その理由があるということなのです。

◎父親も忍土に生きる一人の人間だった

大阪市内で大学の講師をされている伊勢希代子《いせきよこ》さん（五十代・仮名）は、本来、心を通《かよ》い合わせ、互いに支え合うはずの家族の関わりに痛みを抱《かか》えていました。父親との絆《きずな》を数十年間どうしても結ぶことができなかったのです。

幼い頃から、伊勢さんは父親のことを恐れていました。「父親の思い出は、物心《ものごころ》がついた頃から殴《なぐ》られたことばかり……」と伊勢さんは語ります。四人姉妹の伊勢さんたちには理由も分からないまま、何かがあると叱《しか》られ、たたかれるという繰《く》り返しでした。「ガキは言っても分からん。だから殴る。殴らないと分からない」と言っていました。「こてん、ぴしゃん、わーん」というのが父親の口癖《くちぐせ》で、娘たちが何かを「こてん」と倒すと、「ぴしゃん」とたたき、「わーん」と泣き出す――。父親にとってはそれが子どもたちへの接し方だったわけですが、子どもたちにとっては恐怖の関係そのもので、親子とは思えない硬直して冷え切った間になっていったのです。そしてそのような接し方は、子どもたちに対してばかりではありませんでした。家の中で誰《だれ》かのことが話題に上ると、必ずと言っていいほど父親はその人のことを批判していたのです。そんな父親に対して、姉妹はますます心を遠ざけ、埋《う》めようのない溝《みぞ》をつくってゆきました。姉妹の中では「お父ちゃんにそっくりや」と言うのが喧嘩《けんか》のときの殺し文句でした。

一番上の姉が家を離れるとき、家族の顔を二度と見たくないと言って出て行ったきり、二十年以上も音信不通になっていたことの原因も、父親との関係でした。他の姉妹も嫁《とつ》ぎ先から実家に戻ってきても、別棟《べつむね》で出会って、母屋《おもや》にいる父親に出会おうとはしないようになっていました。伊勢さんもまたその状況に胸を痛めながら、何もできないままあきらめていたのです。

そのような伊勢さんが神理と出会い、魂としての生き方を学び深めるに従って、父親の人生の背景を想うようになってゆきました。「人は皆、血・地・知という三つの『ち』を引き受けることによって、我《われ》ならざる者になってゆく。父さんがあんな厳《きび》しく怖《こわ》い父さんになったのにも理由があったはず。人生の途上《とじょう》で苦労をたくさんしてきた父さんだった。お金に苦労し、人に裏切られてきた。私たちと同じように、三つの『ち』の流れに支配されて、あのようにならざるを得なかった。父さんも一人の人間として苦しんできた――」

その気持ちが確かになればなるほど、伊勢さんは父親との再結《さいけつ》（絆の結び直し）を心から望むようになりました。けれども望みながら、なかなかその再結を果たせずに悶々《もんもん》とした日々を過ごした後、いよいよこの帰省《きせい》時しかないと思ったある年のお正月、伊勢さんは不思議な体験をするのです。

◎忍土ゆえのやさしさを湛えることができる

朝、母親と買い物に出ようと外に出たとき、庭に父親の後ろ姿がありました。伊勢さんはその姿を見つけたとき、なぜか自然な気持ちで声をかけることができました。そして、振り返った父親の顔を何十年ぶりかで正視《せいし》できたのです。

「ああ、父親はこんな顔だったのか。こんなに小さくなって……」。今まで嫌《いや》で怖くて近寄ることもできなかった父親の存在。けれども、八十歳になった父親のありのままの姿を見たとき、思いがけない気持ちが溢《あふ》れてきました。

「何か、父親の人生が、過去から現在までが全部一直線に見えて……。今だけじゃない。

全部が好き。かつてどんな魂だったか分からないし、未来も分からないけれど、それを丸ごと愛する感覚になって、抱《だ》きしめたかった」。そう伊勢さんは、私に伝えてくれました。

顔を見ることもできないほど嫌で嫌で仕方がなかった父親――。「先生、父親だけはどうしても好きになれません」と訴《うった》えていた伊勢さんがそう語られたのです。

恐れ憎んでいた父親への愛を取り戻し、「忍土」を受納《じゅのう》した瞬間でした。伊勢さんは、長い苦しみの時を歩みました。しかし同時に、神理のまなざしを得ることで、その「忍土」に生まれ生きることによって我ならざる者になり、互いに苦悩を増幅《ぞうふく》してしまう人間の哀《かな》しさを深く受けとめられる心境へと導《みちび》かれていたのです。「忍土」ゆえに、苦しまざるを得ない人間を受けとめる本当のやさしさを湛えるのが私たち人間であることを、伊勢さんの歩みは教えています。

◎あなたは望んで「忍土」に生まれてきた

人間が生きる舞台として選ぶ「忍土」――。多くの不自由さと歪《ひず》みを人に与えずにはおかない重い条件です。しかし、大切なことは、実は私たちが自ら望んで「忍土」の世界に生まれてきたということなのです。たとえどれほど厳しい人生の条件を抱えることになっても、そのことを承知で、あえて人生の舞台として選んで生まれてきた——。

生きるということは、思うにままならない現実に出会うこと。生きるということは、悲しみに出会うこと。そして、生きるということは、苦しむこと。けれども、生きるということは、そこでしかできないことを経験すること。その中でしか味わえない歓《よろこ》びと出会うこと——。自分の想いを具体的な現実に現してゆくことも、現れた現実から自分を見つめて生き方を考えることも、また自分とは違う個性を抱いた多くの人たちと出会い関わることができることもそうでしょう。

忍土であるからこそ出会える真実、忍土であるからこそ引き出せる自らの境地があり、それを求め、この世界に希望を託《たく》して飛び込んできた——。それが魂として生きる私たちなのです。

そしてだからこそ、「忍土は条件」と思い切る必要があります。

すべては、この世界を魂が生きるための条件でしかないものです。「一切を条件として生きる」と覚悟《かくご》するとき、一見、決定的に思える人生の条件——生まれ育ち、才能、容姿《ようし》、そして運……。たとえ不公平で理不尽な条件も、大切なのは、「そこからどう生きることができるか」ということであると分かるようになります。一つ一つの条件が与えてくれる生きる力があり、その条件だからこそ開かれる世界の感じ方があるのです。

生まれも育ちも違う様々な条件を抱えた人間が共に生きているこの世界では、互いの欲望や期待がぶつかり合うのは当然であり、痛みや混乱が生じるのも当然の前提と受けとめるでしょう。

この「忍土」の自覚が深まっていったとき、私たちは自分に大きな力を保《たも》つようになります。他を責める前に、自分を見つめ、他に守ってもらうことを求める前に、自らを変えることから始めようとするのです。他者や世界へのやさしさを忘れず、まず自らが変わることによって、解決の道を探そうとするのです。

5 心と現実は映し合う――人に何ができるか

現実は、私たちの外側に確固《かっこ》としてあるわけではない。私たちの心と現実は、鏡のように互いを映し合っている。外なる現実は、あなたの内なる心の反映である。そして、だからこそ、人間は、その心を変えることで新たな現実を生み出すことができる。

◎宝くじと不慮《ふりょ》の事故――幸不幸《こうふこう》は決まっているか

多くの人々が人生で最も多くの関心を寄せている幸福感の問題――。それに関係する示《し》唆《さ》に富んだ心理学の研究*注があります。宝くじに当たって大金を手にした人たちと、不慮の事故で半身不随《はんしんふずい》という未来を余儀《よぎ》なくされた人たちとでは、どのような幸福感の違いを生じるのかというものです。

当然、宝くじに当たった人たちはより大きな幸福を得、半身不随の事故に遭《あ》った人たちは不幸ではないかというのが一般の見方であるわけですが、被験者の調査結果はそれほど単純ではありませんでした。

宝くじで大金を手にした人たちは、かつての幸せをもう幸せとは感じることができず、一般の人たちよりも幸福感を得られなくなっていました。それに対し、半身不随という試練に見舞われた人たちは、確かに普通の人たちより幸せとは言えないものの、人々が想像するほど不幸ではなかったという結果が出たのです。半身不随という厳《きび》しい現実はただそこにあるのではなく、それを受けとめる人間の心と一緒に幸福感の輪郭《りんかく》を形づくるということです。幸福の現実、不幸の現実は外側の条件が決定するのではなく、私たちの心との関係で生み出されるものだということではないでしょうか。つまり、幸不幸の現実は、私たちの心のあり方と一つに結びついているということです。現実とは、私たちの外側に確固たるものとして塊《かたまり》のように存在するのではないことを教えているのです。

◎ゴーン氏の成功・落合監督の優勝の本当の鍵《かぎ》とは?

人間に関わるあらゆる現実は、人間の心と世界の現実が幾重《いくえ》にも折り重なった年輪《ねんりん》のようなものです。その法則――心と現実は互いを映し合っている――を端的《たんてき》に示してくれた先達《せんだつ》は歴史上に数多くいます。

どんなに権勢《けんせい》を振るっても心が疑《うたが》いに満ちていた古代ローマ皇帝ネロ（三七〜六八）や旧ソ連の共産党指導者スターリン（一八七九〜一九五三）の周囲には、平和からはほど遠い、恐れと疑心暗鬼《ぎしんあんき》に満ちた現実しか現れませんでした。一方、ナチスによるユダヤ人大量虐殺《ぎゃくさつ》（ホロコースト）の状況下にありながら、心に希望を抱《いだ》いた人の周囲には、自分の命さえも顧《かえり》みず他を支えようとする温《あたた》かい人間的な感情が通《かよ》い合っていました。

それは、歴史上の事件ばかりではありません。今日に至るまで、少しも変わることなく私たち人間の心と現実は強く結びついているのです。心の一つ一つの感じ方、受けとめ方、考え方が、様々な現実を生み出し続けているのです。

例えば、企業として瀕死《ひんし》の状態にあった日産自動車に最高執行《しっこう》責任者として就任《しゅうにん》したカルロス・ゴーン氏。同社の国内市場のシェアは、一九七四年の三四パーセントをピークに減り続け、一九九九年には一九パーセントまで落ち込んでいました。しかも、二兆円を超える巨額の有利子負債《ふさい》を抱《かか》えて苦しみ、利子の支払いだけでも年間一千億円に達していました。その年の決算では日本の製造業としては史上最大の六八四四億円もの赤字を計上し、その資金繰《ぐ》りさえめどが立たない状況であり、経済界では、山一《やまいち》證券に続く大型倒産となることが危惧《きぐ》されていました。

そのような中、二〇〇〇年に社長になったゴーン氏は、日産リバイバル・プラン（再生計画）をはじめ、様々な改革を実施することによって、わずか一年間で三三一一億円の黒字に転換させ、その後も日産史上最高益の記録を更新《こうしん》したのです。なぜゴーン氏は、同社の業績をこれほどまでに改善できたのでしょうか。もちろん、ゴーン氏が合理的な改革を迅速《じんそく》かつ的確に推《お》し進める優《すぐ》れた経営手腕《しゅわん》を持っていたことは確かです。

しかし、様々な要素がある中で忘れてはならないのは、ゴーン氏が同社のヴィジョンを確かに心に描くことができたということではないかと思うのです。ゴーン氏は日産の未来の姿を心に描くことができた。心の中で描かれたそのヴィジョンが明確で、なおかつ、確かな現実感を抱くほどにリアルであったということ。それが、何にも増して重要な鍵であったと思うのです。

また、プロ野球・中日ドラゴンズの落合博満《おちあいひろみつ》氏が監督に就任した折、多くの専門家たちは、現状の戦力を分析しながら、六チーム中、良くて三位、悪ければ五位になると予測し

ゴーン氏が描いたリアルなヴィジョンが、
日産再建の鍵となった。(写真／PPS提供)

「選手の可能性を引き出す」——落合監督の信念が
優勝へと導いた。(写真／毎日新聞社提供)

ていました。そんな中で落合監督が考えたことは、預かった選手を一回も見ずに「使えない」と判断したり、解雇《かいこ》したりしたくない、今までの監督やコーチとの関係の中で力を出せなくなっている選手もいるはずだということだったのです。監督は、一切の補強《ほきょう》やトレード、解雇を凍結《とうけつ》。選手一人ひとりの力を最大限に引き出すことによって、二〇〇四年度のセ・リーグ優勝をもたらしました。

多くの専門家が分析した「ドラゴンズの現実」は、決して確固たるものではなかったのです。何よりも、選手の可能性を受けとめようとした落合監督の心に映った現実によって、ドラゴンズの優勝が導《みちび》かれたことは間違いないことだと思うのです。

◎それは、人が何を為《な》すべきなのかを教えている

私たちが普段、塊のような存在と思っている「現実」は、実はそうではなく、いかに人間の「心」と一つに結びついているかということでしょう。そして、だからこそ、これらの事例は、私たち人間が何を為すべきかを教えているのではないでしょうか。

「内」と「外」、「心」と「現実」は別々で、つながっていないように見えるのが、多く

の人の見方でしょう。しかし、私たちと世界は鏡のように互いを映し合い、「外」に起こった現実はあなたと無関係ではなく、あなた自身の「内」の反映なのです。

すなわち、私たちの「心」が「原因」となって、「現実」という「結果」を導いている。「心と現実」「内と外」の関係は、「原因と結果」の関係にあるということです。「内」（心）を変えることによって、私たちは「外」（現実）を変えることができるのです。そして、そのような関係を生み出すことができるのは、私たち人間だけです。

ならば、それこそ、私たち人間がこの人生で為すべきことです。私たちが生きているということは、私たちが心を変えることによって生み出すべき新たな現実があるということ——。

私たちは、そのことを呼びかけられていると思うのです。

＊注「心理学の研究」——Brickman, P., Coates, D.& Janoff-Bulman, R. (1978) Lottery winners and accident victims: is happiness relative? *Journal of Personality and Social Psychology*, 36, 917-927.

6

「原因と結果の法則」を体得《たいとく》する

「すべての結果には、必ずそれが現れる原因がある。だから、結果を変えるためには、まず原因を知り、その原因を変えなければならない」。誰《だれ》もが納得する原因と結果の法則である。大切なことは、それを自分自身に適用することである。目の前の現実＝「結果」を生み出している自分＝「原因」に気づいたとき、私たちはまったく新しい世界に踏み出すことができる。

◎宇宙を貫通《かんつう》する法則――すべての結果には原因がある

「すべての結果には、必ずそれが現れる原因がある」。今やそれは、文化の違いを越えて誰もが認める理《ことわり》でしょう。リンゴの実が木の枝から落ちるのはなぜなのか――。今では知らない人はいないことですが、ニュートン（一六四二～一七二七）によって、万有引力《ばんゆういんりょく》の法則が明かされて以降、リンゴの実が落ちるという結果に、地球の引力という原因が存在することは常識になっています。また、かつて自然発生的に起こると信じられていた食べ物の腐敗《ふはい》についても、パスツール（一八二二～九五）以後、腐敗という結果には、空気中の微《び》生物という原因が存在することは周知《しゅうち》の事実となりました。

私たち人間は「原因と結果」の関係を究《きわ》め、突き止めることによって、科学を飛躍《ひやく》的に発展させてきました。そして、自然現象を扱《あつか》う科学にとどまることなく、「原因と結果」というものの見方・考え方は、歴史的な事象や私たちの生活一般、さらには人生の次元に及び、人間に関わるすべてのことに対する私たちの日常感覚となっているものです。

例えば、今日世界中の関心が注《そそ》がれる中東地域の紛争《ふんそう》には、歴史的な背景とともに増幅《ぞうふく》されてきた不信感が原因として存在し、中国や韓国の排日《はいにち》運動にも、過去のわが国の行動とそれを発端《ほったん》とする心情的なあつれきという原因があることを私たちは知っています。

もっと身近なこととして、「火のない所に煙《けむり》は立たぬ」「蒔《ま》かぬ種は生《は》えぬ」などのことわざを使っていることもそうでしょう。そして、「成績が上がったのは努力したからだ」「私の人生がうまくゆかないのは、結局家柄《いえがら》が悪いからだ」というような言い方で、ごく自然に私たちは「原因と結果」について考え、語っています。

◎大切なのは、自分自身に「原因と結果の法則」を適用すること

ここで言う「原因と結果の法則」とは何かをもう一度、まとめておきましょう。

「すべての結果には、必ずそれが現れる原因がある。だから結果を変えるためには、まず原因を知り、その原因を変えなければならない」

もしあなたが困った事態を抱《かか》えているとするなら、そこにはそれだけの原因がある。そうなるだけの理由――原因がもしなければ、その結果＝現実は立ち現れなかったことは、十分に納得されるでしょう。

ところが、それほど当たり前の感覚になっているにもかかわらず、その法則の適用の仕方には実に不自然なものがあるのです。例えば、受験に失敗したとき、「自分の勉強が足りなかったからだ」と受けとめるのではなく、「学校や予備校の教え方が良くなかったからだ」「受験者が多く競争率が高かったからだ」と受けとめる。また、会社の業績が落ちたとき、「自分たちの努力が足りなかったからだ」と捉《とら》えるのではなく、「景気が悪いから仕方がない」と捉える。社会的な事件でも、政治的な問題でも、例えば、学校でいじめが起こると「学校が悪い」「親が悪い」と言い、景気が悪くなると政治の無策《むさく》をなじる……。

「自分」を原因にはしない適用の仕方を選んでしまうことが、ことのほか多いのです。人生の問題でも、政治や経済、社会的な問題でも、私たちは原因から自分を切り離した捉え方をしがちです。なぜなら、それは、自分を守る何よりの手だてのように思えるからでしょう。自分＝内を守るために他＝外を責める――。それが一番と思っているのです。

しかし、実は、自分を原因から切り離した瞬間に、私たちはその現実に対して、決定的に無力になってしまうということを忘れてはなりません。自分がいくら勉強しても、教え方の上手な学校や予備校に通《かよ》わなければ、優秀な家庭教師をつけてもらわなければ、大学に合格できず、自分たちがいくら努力しても、景気が上向かないと業績は上がらないということになってしまいます。

職場や家庭の問題も、自分自身を原因から除外し、相手を原因とする限り、相手に変わってもらうまで、問題である「結果」の改善は望めなくなってしまうのではないでしょうか。たとえ私たちが関わって問題が生じていたとしても……。それは、私たち自身が改善することのできる本当の原因を失うことでもあるのです。

◎「私」という原因が変われば、「結果」は必ず変わる

私たちにとって必要なことは、自分自身にこそ、この「原因と結果の法則」を適用すること。自分を「原因」から除外せず、むしろ自分自身に「原因」を見出《みいだ》し、自分の手の中に「原因」を取り戻すこと。それによって、私たちは、目の前にある「結果」を改善することができるようになるのです。例えば、帰宅の遅い夫に対して、「もっと早く戻ってほしいのに、どうして？」と悩んでいたある婦人の場合。「子どもや近所づきあいのことを、いつも私に押しつけて。どうしてしっかりしてくれないの」——次第《しだい》にそんな想いを募《つの》らせていた彼女は、ある日、夫が漏《も》らした一言——「家にいるときぐらい、ホッとしたい」に、「我《われ》に返る想いだった」と言います。思えば、帰宅した夫に向ける第一声は、決まって「どうしてもっと早く帰ってこられないの！」だったこと。背広を脱《ぬ》ぐのも待たず、矢《や》継《つ》ぎ早《ばや》にしゃべり始め、夫がクタクタに疲れていようと、関知《かんち》していなかったこと——。もしかしたら、夫の帰りを遅くさせていた真の「原因」は、単に仕事が多忙ということだけではなく、実はそうした自分の態度にあったのでは、と思い至られたのでした。それからは、まずは夫の気持ちを受けとめようと心がけ、今では、帰宅時間も携帯電話や電子メ

ールで連絡を取り合うようになっているそうです。

また、ある青年は、教員採用試験合格をめざして何度もチャレンジしながら、失敗に次ぐ失敗で失意のどん底に突き落とされていました。当初は、試験の倍率が高いことが合格できない「原因」と思っていました。しかし、「今回で最後の挑戦にしよう」と思い立ち、一念発起《いちねんほっき》して受験に向かう決意を定めたところ、これまで「試験の合格」という結果にこだわり過ぎ、「どうせ自分はできない」と卑屈《ひくつ》な気持ちに呑《の》み込まれていたことこそ、合格できなかった真の「原因」ではないかという気づきに至ったのです。そして、テーマを「試験合格」から試験を通しての「自己変革」へと定め直したところ、自分でも不思議なくらい心が穏《おだ》やかになったと言います。勉強の仕方一つ一つも具体的に点検しながら、着実に試験の準備を進め、無事、合格の知らせを手にすることができたのです。

このように私たちの身の周りに起こるすべての問題にも、それが現れる「原因」が必ず存在しています。もし私たちが本当にその「結果」、その現実を変えたいと願うなら、その「結果」を生じさせている自分という真の「原因」を突き止め、その「原因」を変える以外に道はないのです。

7

光と闇《やみ》を増幅《ぞうふく》する人間の責任とは

人生の現実、世界の現実は、私たちの心の反映。だからこそ人間は自《みずか》ら新たな現実、新たな世界を生み出すことができる。その人間の心は、光闇を増幅する装置《そうち》。それゆえに私たちに課せられた責任がある。

◎映画『スター・ウォーズ』が別格である理由とは

先頃封切《ふうぎ》られた映画『スター・ウォーズ　エピソード3』は、往年のファンを含《ふく》め大変な好評で迎えられています。この『スター・ウォーズ』というシリーズは第一作が封切られた一九七七年から今日に至るまで熱狂的な特別の支持を受けてきました。

一体何がこれほどの共感を引き出したのでしょうか。

特撮《とくさつ》や映像の素晴らしさなら、この数十年の間に『スター・ウォーズ』をしのぐ作品は幾《いく》つもあったはずですが、それでもこのシリーズが別格の扱《あつか》いを受けているのはなぜなのでしょうか。

この作品をつくるにあたって、原作・監督のジョージ・ルーカスは、神話学者との対話を重ね、伝承されている多くの神話から法則や原則を抽出《ちゅうしゅつ》し、一つの象徴的な物語をつくりあげたと言われています。

そこに現れたのは、人間と世界の間に生まれる光と闇の神話でした。ジョージ・ルーカスは、遙《はる》か昔の銀河宇宙を舞台にしたこの物語に、人間にとっての不変のテーマ＝光と闇の闘《たたか》いを込めた――。それが、人々がこれほどの共感をもって惹《ひ》きつけられる理由であると私には思えてならないのです。今回の『エピソード3』は、特にそのテーマが前面に表れた作品です。

◎光と闇の相克《そうこく》は変わることのない人間のテーマ

宇宙の平和のために人生を捧《ささ》げるジェダイの騎士《きし》たち。彼らは、長く厳《きび》しい修行を経《へ》て、剣術に優《すぐ》れ、内的平静を保《たも》てる心をつくり、宇宙に流れる「フォース」と呼ばれる力を操《あやつ》ることができるようになった存在です。

第一作から第三作までは、その中でも特に優れたジェダイの一人となってゆくルーク・スカイウォーカーの成長の物語でした。やがてルークは、宇宙を二分する危機を救い、ジェダイの騎士とは真逆《まぎゃく》に位置するシスと呼ばれる闇の勢力の中心人物とも言うべき暗黒卿《きょう》ダース・ベイダーとの闘いに勝利するのですが、その闘いの過程で、ダース・ベイダー自身から、「私はお前の父親だ」と明かされるのです。かつて優れたジェダイの騎士であったルークの実の父親アナキンは、なぜ暗黒卿になったのか。それが『エピソード』と呼ばれる第四作からのシリーズのテーマであり、ついにその謎《なぞ》が解き明かされるのが今回の完結編『エピソード3』というわけです。

幼い頃から比類《ひるい》ない資質を見せてジェダイとなったアナキン。しかし、やがて様々な誘《ゆう》惑《わく》の中で、自分を過信《かしん》して闇に与《くみ》するようになり、暗黒卿ダース・ベイダーへと変質してしまう……。

そこには、限りない可能性を抱《いだ》きながら、一方で底なしの闇を抱く人間の問題、長き歴史を通じてずっと人間のテーマであり続けた光と闇の闘いが示されているのです。

人間は、宇宙と響《ひび》き合う力を抱いています。しかし、それは、光にも闇にも傾《かたむ》くものです。この光と闇の相克は、映画や神話だけの話ではありません。現代のテーマであり、現実の問題であり続けるものです。

◎人間は受発色《じゅはっしき》によって光闇を増幅する

私たち人間は、現代に至って、考えられないほどの大きな影響、言葉を換《か》えるなら、世界に対する光闇の現実をつくり出すようになりました。人間とは、光と闇の増幅装置であると言っても過言ではありません。歴史的に見ても、地球上に人間が登場し、ことに今日に至って、世界はおびただしい変貌《へんぼう》を遂《と》げているのです。

私たち人間がどれほどのエネルギーを使ってきたかを示すグラフをご覧ください（次頁参照）。数百万年にわたってほとんど変わることのなかったエネルギーの消費量は、つい二五〇年ほど前、産業革命が起こった頃から飛躍《ひやく》的に増加し始めていることが分かります。その「発展」によって、人間は暑さや寒さなど、かつて自分たちを脅《おびや》かしていた環境をコントロールする力を得、豊かな物質生活を送る力量を身につけましたが、同時に、かつてない地球環境の危機を招くに至っています。

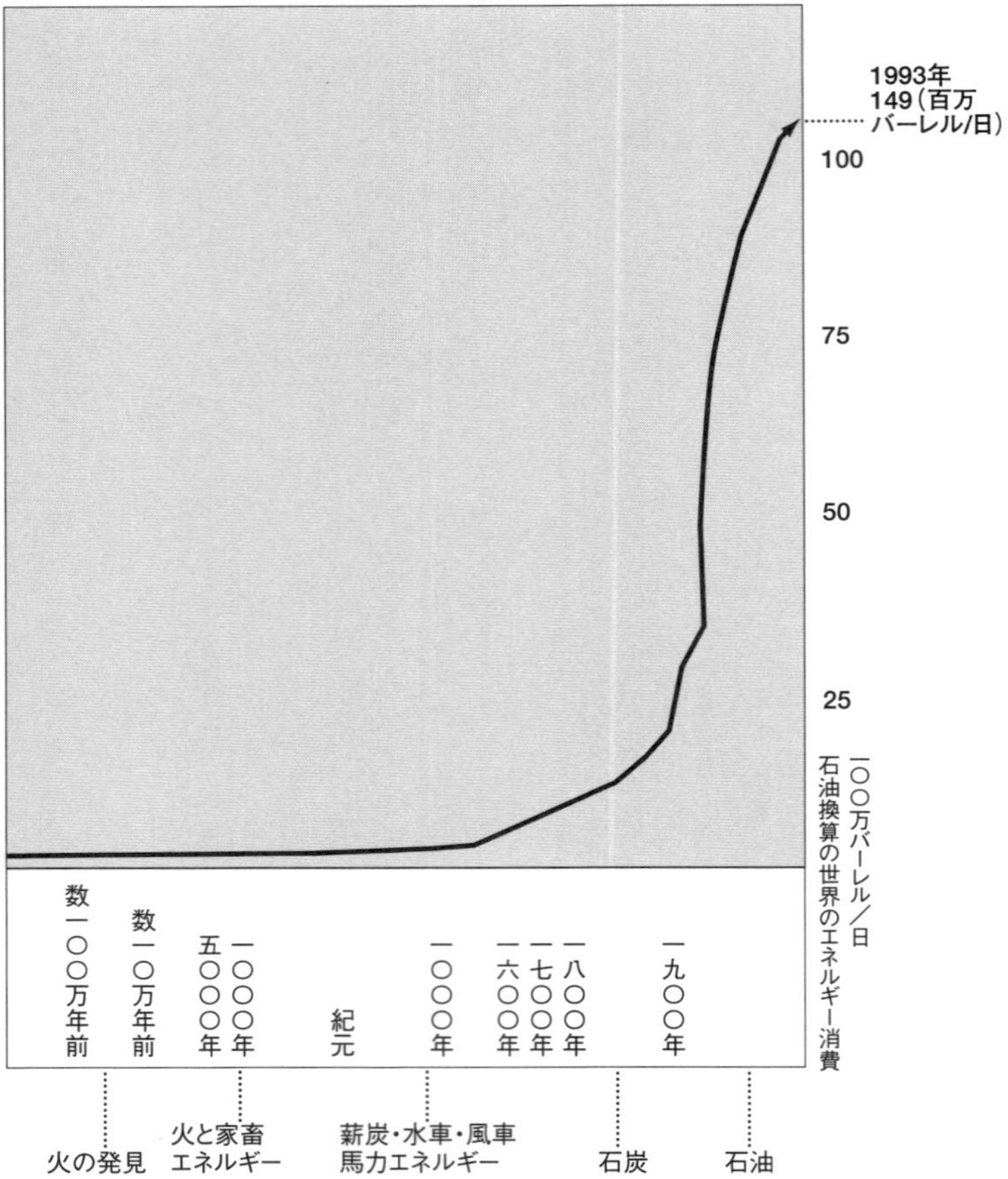

※『環境白書：総説』（平成10年版 環境庁編）に基づく

世界のエネルギー消費量の歴史的推移

まさにその事実は、人間が光と闇を増幅する存在であることを示しているのではないでしょうか。それは、環境の問題だけではありません。貧困に喘《あえ》ぐ人々を救おうと援助の手を差し伸べる人々がいる一方で、その混乱や貧困をつくり出すのも人間。平和のために、人生を捧げて働く人がいる一方で、他の生物には見られない残虐《ざんぎゃく》さで殺戮《さつりく》を繰《く》り返してきたのも人間です。それが人間が生み出してきた光と闇の増幅の現実です。

そして、この光闇の増幅こそ、人間の心のはたらきにほかならないと私は思うのです。世界を感じ受けとめ、思い考え、判断して、行動し、世界にはたらきかける――。この心のはたらきによって、私たち人間は、事態に触れ、それを光と闇に分化《ぶんか》し、増幅してゆくということです。

その心のはたらきを、私は「受発色」という言葉で考えてきました。

「受《じゅ》」とは、心の受信の機能。世界を感じ取り、受けとめる力。「発《はっ》」とは、発信の機能。思い考え、意志して行動に現す力。「色《しき》」とは、仏教の言葉で「現実」を指します。世界の現実を受信した私たちが、考えを膨《ふく》らませ、自らの言動を発信して、新たな現実を生み出し、その現実をまた受信して……つまり心は、「受」↓「発」↓「色」↓「受」↓

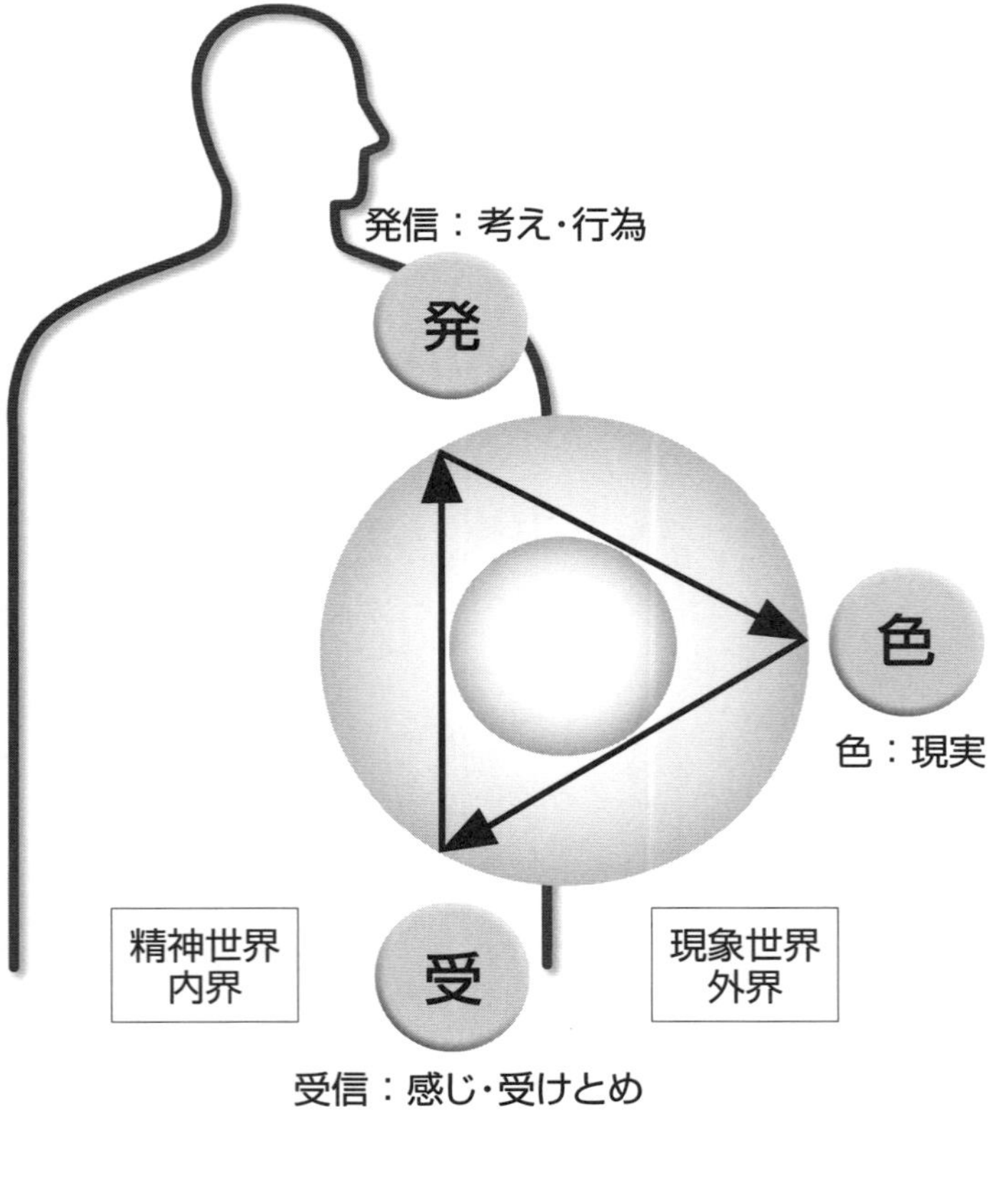
発信：考え・行為
発
色
色：現実
精神世界
内界
受
現象世界
外界
受信：感じ・受けとめ

受発色

「発」→「色」……を繰り返しながら、様々な現実を受けとめ、新たな現実を生み出してゆく回路と言えます。私たち一人ひとりが「受発色」によって光と闇を増幅してゆくのです。

それは、誰もが日々行っていることです。自分の日々の現実を受信して、よりよい生活と充実した人生を望み、それを求めて行動＝発信し、新たな現実を生み出す。言うことを聞かない子どもたちの現実を受信して、それを何とかしたいと思い、厳しく叱《しか》るという行動＝発信に出る。職場での自分の微妙な立場を受信し、上司に気を使い、部下を労《ねぎら》うという行動＝発信を示す――。その一つ一つの受発色が、光と闇の増幅に関わっています。

◎だからこそ「心を知る」必要がある

だからこそ、私たちは自らの心＝受発色を知る必要があるということでしょう。私たち人間の受発色は、地球の命運《めいうん》を左右するほどの力を抱いているのですから。

もちろん、自分の心は自分が一番よく分かっていると思うのは、万人《ばんにん》の感覚です。けれども、どうでしょうか。自分では「至って冷静沈着《れいせいちんちゃく》である」と思っていても、周囲の人たちは「すぐに怒りが顔に出る人」と見ていたり、自分では「まじめで誠実」と思っていても、他の人は「人に合わせる人で優柔不断《ゆうじゅうふだん》」と受けとめていたりすることはよくあることです。自分の心の状態だと思っているものが、実は、自身の願望や理想像に過ぎないということも珍《めずら》しいことではありません。

また、自分の中に「あってはならない感情」が生じると、別のものに転化《てんか》してしまう人もあります。「男は寂《さび》しいなんて思ってはならない」と思い込んでいる人は、実際に寂しくなると「体調が悪い」と感じたり、また「嫉妬心《しっとしん》などあってはならない」と思っている人は、嫉妬心が生じると無意識のうちにそれを義憤《ぎふん》だと思い込んだりするという具合です。心のイライラや怒り、悲しみといった自分の感情的な振幅《しんぷく》をどうすることもできない、自分の心の機微《きび》を自覚できないという人も少なくはないと思います。

改めて考えてみるならば、自らの心でありながら、その心を知ることは決して容易ではないことが分かります。むしろ、多くの人はそのテーマを持て余《あま》しているのが実情ではないでしょうか。そして、その分からない心で毎瞬間現実を生み出し、光と闇の増幅に関わっているのが私たちなのです。

受発色というテーマは、単に一人ひとりの現実にとどまりません。その集積は、間違いなく、私たちの家族や職場、社会に反映し、歴史に反映し、世界に反映する厳粛《げんしゅく》な事実なのです。

自らの心＝受発色を知って、それを整えること。それは私たち人間にとっての避けることのできない課題であり、責任だと思うのです。

8 「心」の実体＝受発色《じゅはっしき》を見つめよう

あなたは自分の心の傾向を知っているだろうか。四つの人格を形づくる回路——。その傾向・心の回路は必ずあなたの限界をつくっている。しかし同時に、その心は、それだからこそ放つことのできる光を抱《いだ》いている。

◎「心」＝受発色の回路を見分ける

私たちの「心」の実体である「受発色」は、ほとんど自覚できない速度で、様々な現実を生み出しています。私たちがその心の力を本当の意味で生かし、それを自《みずか》らの人生や現実に反映させようと思ったら、何よりもその心を知って、それを変革することが一番です。

そしてそのためにまず、私たちの心、受発色には幾《いく》つかのタイプがあるということを理解する必要があります。具体的に、それはどのようなものでしょうか。

まず一つの事例を挙げて、具体的に心の回路を見分けてみましょう。例えば、あなたの会社で社運《しゃうん》を賭《か》けた新しいプロジェクトが立ち上がり、そのリーダーにあなたが指名されることになりました。そのときあなたが示す反応は、次のいずれに最も近いでしょうか。

①「よーし、来た！　やっぱり、俺しかいないよな。今回もすごいとこ見せてやるから、任《まか》せとけ……」とわくわくしながら、早速《さっそく》行動の算段《さんだん》をつけてゆく。

②「なにっ、リーダー？　なんで俺がやらなきゃならないんだ。今まで手を打たなかったのはそっちだろう」と批判し、引き受ける代わりに、周囲にも頑張《がんば》ることを求める。

③「エーッ！　そんなのできるわけない！　大変なことになったぞ。皆が協力してくれなかったらどうしよう」と不安が募《つの》り、失敗したときの逃げ道を確保しようとする。

④「へぇ〜。俺ってけっこう評価されてたんだ。メンバーも頼《たよ》りになりそうだし、これならそこそこやれるんじゃないかな」と悦《えつ》に入り、誰《だれ》かが動くまで特に何もしない。

いかがでしょう。同じ出来事に対しても、私たちの反応はこのように心＝受発色の傾向によって分かれることになります。この①〜④の「受発色」は、それぞれ、①快《かい》・暴流《ぼうりゅう》、②苦《く》・暴流《ぼうりゅう》、③苦《く》・衰退《すいたい》、④快《かい》・衰退《すいたい》という回路を示しています。

◎なぜ、心＝受発色は四つに分類できるのか

この四つの回路という分類が、心の基本的な性質に基づいていることを少し説明しておきましょう。

「受発色」の回路を分類する第一の軸は、まず、物事を肯定的に捉《とら》える傾向か、否定的に捉える傾向かの区分けを示しています。これは、人間の心が何かを感じ取った瞬間、「快・苦」という基準で二つに分けるということから来ています。

人の心は、常にそれが自分にとって「快」か「苦」かを感じ取って受けとめます。それは、もともと生存のために不可欠な機能なのですが、この「快・苦」の延長線上に、やがて「好き・嫌い」「得・損」「善・悪」といった価値判断も行われてゆくようになるのです。

第二の軸は、心が抱いているエネルギーの放出《ほうしゅつ》の仕方によっています。エネルギーがどんどん増幅《ぞうふく》してゆくのか、減衰《げんすい》してゆくのかという「暴流・衰退」の区分けです。「暴流」は、事態に対して心のエネルギーを集中させ、能動的に反応してゆく傾向のこと。「衰退」とは、事態を前に心のエネルギーを分散させ、受動的に反応してゆく傾向のことです。例えば、苦痛を感じて、反撃に出るのが「暴流」、逃避《とうひ》に向かうのが「衰退」です。

そして、先に見た「快・苦」という基準を縦軸にとり、「暴流・衰退」という基準を横軸にとった座標軸によって、「受発色」の回路は四つのタイプ――「快・暴流」「苦・暴流」「苦・衰退」「快・衰退」――に分類されることになるのです（九五頁図参照）。

◎それぞれの回路のそれぞれの問題

その回路が具体的にどのような傾向を持つのか、詳《くわ》しく見るのは次章に譲《ゆず》りますが、ここではその回路が抱いている特徴をまとめておきましょう。

快・暴流の人は、「独《ひと》りよがりの自信家」という特徴を持っています。自分に対する自信があり、エネルギッシュで行動的です。問題は、しばしば自己過信に陥《おちい》り、事態を自分に都合《つごう》のいいように歪曲《わいきょく》しがちで、他人《ひと》の言葉に耳を傾《かたむ》けられないことです。最初はうまくいっているように見えても次第に孤立してしまうということを繰《く》り返しているのではないでしょうか。

苦・暴流の人は、「恨《うら》みの強い被害者」という特徴を持っています。物事に対する責任感は強く、緊張感を持っていますが、事態をネガティブに捉える傾向が強く、それを世間《せけん》や他人に対する不満や不信感として表すため、人間関係が断絶しやすく、敬遠されがちです。不満や不信感がとどまることなく外に向かって肥大《ひだい》し、関わりや事態を破壊してしまうのです。

苦・衰退の人は、「あきらめに縛《しば》られた卑下者《ひげしゃ》」という特徴を抱いています。穏《おだ》やかでまじめですが、自信がなく、自己否定の想いを抱きやすいために、不安ばかりが増幅し、身動きが取れなくなってしまいがちです。あまりの慎重《しんちょう》さ、消極性が他の人をイライラさせることがしばしばあります。

快・衰退の人は、「自己満足の幸福者《こうふくもの》」という特徴を持っています。やさしく明るいために、人当たりはよいのですが、周囲の頼りになりそうな人に依存し、契約的な関わりをつくってしまいがちです。また、切実感に乏《とぼ》しく、失敗や物忘れが多いため、必要な水準を生み出せずマンネリや停滞に陥るということを繰り返しているのではないでしょうか。「いい人なんだけれど……」という印象を与えてしまうのです。

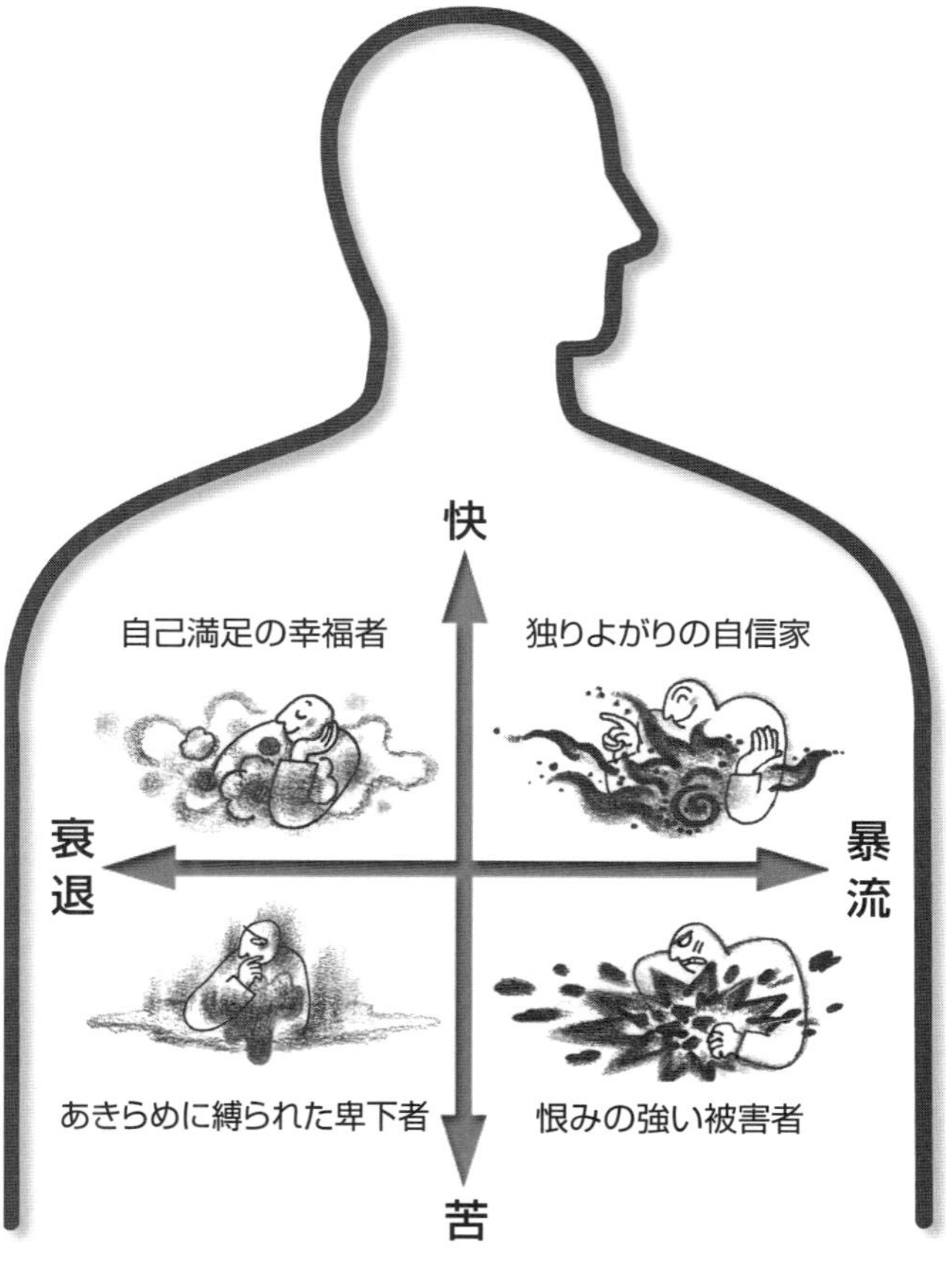
快
自己満足の幸福者
独りよがりの自信家
衰退
暴流
あきらめに縛られた卑下者
恨みの強い被害者
苦

4つの回路

◎心＝受発色は成長し、深化《しんか》することを待っている

私たちは、誰もが、この受発色のいずれかの回路を色濃く抱いていると言ってよいでしょう。それは、願いと後悔――魂願《こんがん》とカルマ（一五二頁参照）を抱いて、地上に生まれてきた魂としての私たちが、人生の条件――三つの「ち」（一一六頁参照）と出会うことによって引き出される傾きなのです。

今見てきたように、私たちがそのいずれのタイプの傾向を持っていても、人生と現実に限界を抱《かか》えることになります。それは、容易には脱出できない限界です。

しかし、重要なことは、問題を抱えながらも、同時にそれぞれのタイプには、そのタイプゆえに放つことのできる光があるということです。仏教には「煩悩即菩提《ぼんのうそくぼだい》」という言葉がありますが、まさに、脆《もろ》さや弱点が強さ・長所になり、闇が光に転じて輝《かがや》くのです。

私は、その光こそ、その人の真の存在理由であるという意味で「真我《しんが》」と呼んできました。そしてその真我の光の発現《はつげん》を阻《はば》んでいる受発色を「偽我《ぎが》」と呼び、偽我に埋没《まいぼつ》した状態から真我を誕生させてゆく上で、確立しなければならない受発色を「善我《ぜんが》」と呼んでいます。次章に掲げた四枚の図は、それぞれ偽我（右側）に埋没した受発色の四つのタイプ

と、それぞれに対応する善我（中央）、真我（左側）が記《しる》されているものです。受発色というまなざしによって、私たちは、心の構造をこのように捉えることができるということです。

繰り返しますが、魂願とカルマを抱いた魂が、この世界に生まれることによって、三つの「ち」を中心とする人生の条件と出会い、そこに生じた心の傾向が四つのタイプです。快・暴流のタイプを抱いた人は、その必然があって、その受発色を生きているのです。苦・暴流も苦・衰退も、快・衰退のタイプの方も、その必然があってその人生を歩んできたのです。ならば、そこからそれぞれの問題を乗り越えて、そのタイプに宿る光を引き出してこそ、私たちは生まれてきた本当の理由を生きることになることを忘れてはならないと思うのです。

9 あなたの心だから放つことのできる光がある

心を深く知ることは、深く生きることである。自分の回路が分かったら、今度はその心がつくり出す現実を見つめよう。自分の「テーマ」を見つめたら、なぜその回路を抱《いだ》いたのかを考えてみよう。四つの心のタイプを抱く「本当の理由《わけ》」——それは、その心を抱いたから放つことができる光を世界に返すためである。

◎快《かい》・暴流《ぼうりゅう》——「独《ひと》りよがりの自信家」のテーマとは

事態を肯定的《こうてい》に受けとめて、エネルギーを湧《わ》き立たせる傾向にあるのが、「快・暴流」の受発色《じゅはつしき》です。うまくいっていると感じると、「もっと、もっと」「行け行けどんどん」と奮《ふる》い立つのがこの回路です。その特徴を一言で表せば、「独りよがりの自信家」の受発色と言えるでしょう。

あなたは、仕事などを任《まか》されると人一倍頑張《がんば》るのに、やがて気がつくと、なぜかいつも周りの人がいなくなっていたり、パートナーから反旗《はんき》を翻《ひるがえ》されたりする、という経験はありませんでしたか。次頁の図には、なぜそうなるかが記《しる》されています。快・暴流の「歪曲《わいきょく》→独尊《どくそん》→孤立《こりつ》」という回路がそれです。この回路であなたは、無意識のうちに何事も自分に都合《つごう》良く「歪曲」して受信をし、「私の言う通りにするのが一番いいに決まっている」と「独尊」的に行為します。その結果、周囲の人々は、あなたのことを「人の意見に耳を貸さない自分勝手な人」と見るようになり、また、あなたの使用人のようになってしまうことに嫌気《いやけ》がさして、一人また一人とあなたから離れてゆきます。その結果として、あなたは「孤立」してしまうことになるのです。

悲しいことに、快・暴流に歯止めがかからなければ、あなたはさらに、「孤立」の原因を自分に見ず、「どいつもこいつもやる気がない奴《やつ》ばかりだ」と「歪曲」して受信。「みんな、もっと俺を見習って頑張らなきゃ駄目《だめ》だ」と「独尊」で発信。ますます周囲の人々はあなたに対して「何が本当の問題なのか、分かっていない」という想いになり、あなたは一層「孤立」を深める……というように、同じ受発色の回路を延々《えんえん》と繰《く》り返すことになるのです。

快・暴流には、このほかにも無自覚に自分の方が「優位」にあるという前提で受信し、

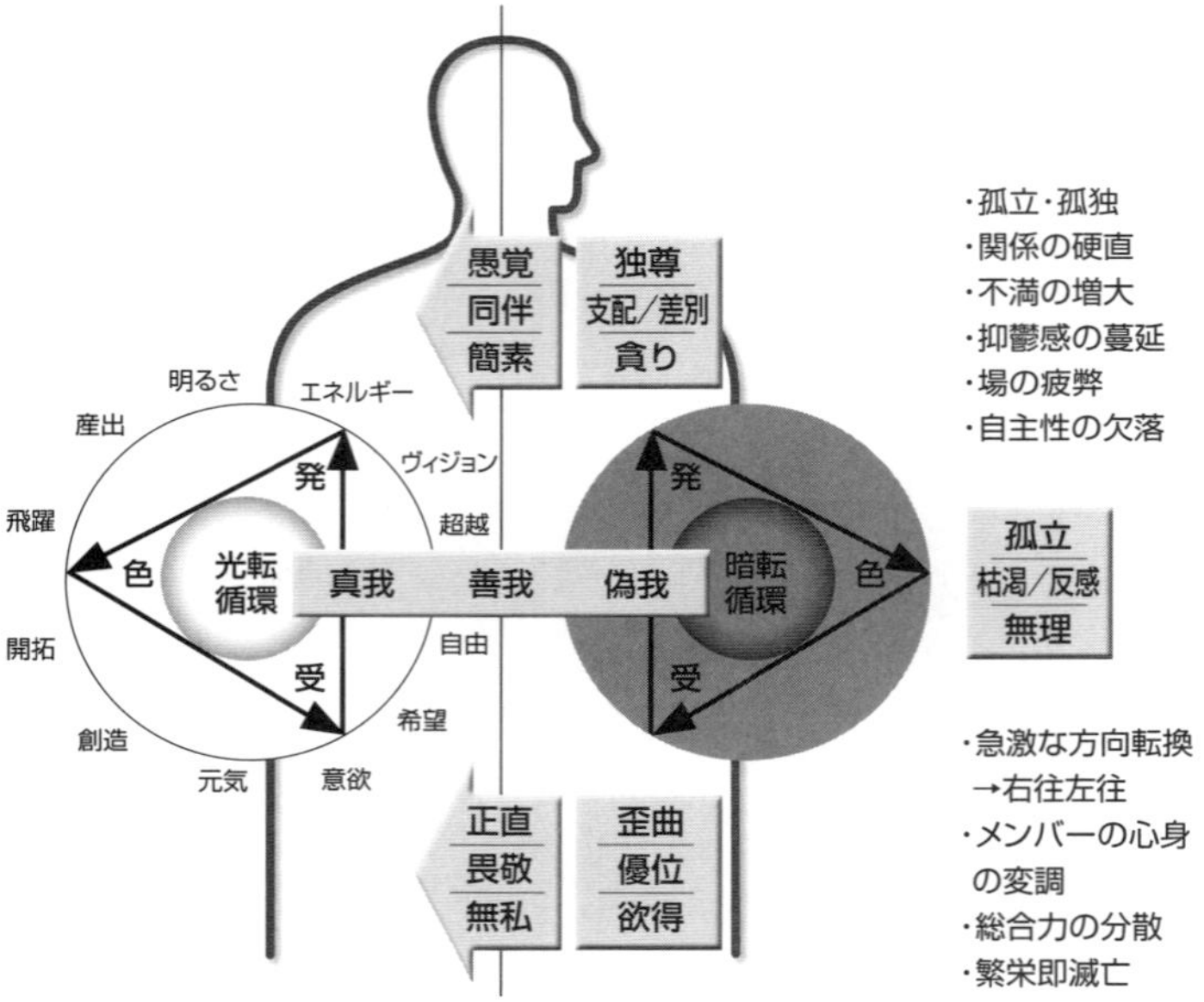
愚覚
同伴
簡素
独尊
支配/差別
貪り
明るさ
エネルギー
産出
ヴィジョン
飛躍
超越
発
色
受
光転
循環
真我
善我
偽我
暗転
循環
発
色
受
開拓
自由
創造
希望
元気
意欲
正直
畏敬
無私
歪曲
優位
欲得
・孤立・孤独
・関係の硬直
・不満の増大
・抑鬱感の蔓延
・場の疲弊
・自主性の欠落
孤立
枯渇/反感
無理
・急激な方向転換
→右往左往
・メンバーの心身
の変調
・総合力の分散
・繁栄即滅亡

快・暴流＝「自信家」の受発色革命

相手に対して「支配／差別」的な発信をし続ける結果、相手のやる気は「枯渇《こかつ》」し、あなたに「反感」を抱くようになるという回路があります。

また、常に大きな興奮や手応《てごた》えを得たいという「欲得《よくとく》」的な受信から、「貪《むさぼ》り」に走る発信をし、結果的に、様々な面で矛盾《むじゅん》や反動が現れる「無理」という現実が生まれる回路があります。

そうした回路による現実に思い当たるものはないか、ぜひ考えてみていただきたいと思います。

◎快・暴流の受発色を抱いた理由——元気・ヴィジョン・創造を現すため

これだけのテーマを抱《かか》えていることに、驚《おどろ》かれる方もあるかもしれません。けれども、快・暴流にはその傾向を抱くからこその可能性があります。

明るく、積極的な生命力は、周囲の人たちに「元気」や「エネルギー」を与えることができます。閉塞《へいそく》した状況にあっては、その限界感や重い空気を振《ふ》り払うような「ヴィジョン」を提示し、皆の「意欲」を喚起《かんき》し、場を「飛躍《ひやく》」させる「創造」の力をもたらすことができるのです。

もしあなたがこの回路の持ち主であるとしたら、それはこれらの可能性——光を現すためです。それを引き出すために、この快・暴流の条件が与えられたということなのです。そして、その可能性を現すために、あなたは、「歪曲」の受信をあるがままの「正直」な受信へ、「独尊」の発信を自分の不足や未熟さを自覚する「愚覚《ぐかく》」の発信へと受発色を転換する歩みを進めてゆくことを促《うなが》されているのです。

◎苦《く》・暴流《ぼうりゅう》——「恨《うら》みの強い被害者」のテーマとは

次に、事態を否定的に受けとめて、エネルギーを暴発させてゆく傾向にあるのが、「苦・暴流」の受発色です。その特徴を一言で表せば、「恨みの強い被害者」の受発色と言えるでしょう。

この傾向にあるあなたは、道理に合わないことはしないようにし、何事にも責任感を持って臨《のぞ》んできたつもりなのに、なかなか人から理解してもらえず、事態も暗礁《あんしょう》に乗り上げてしまうということを繰り返していませんか。その原因は、苦・暴流の「批判↓正論↓対

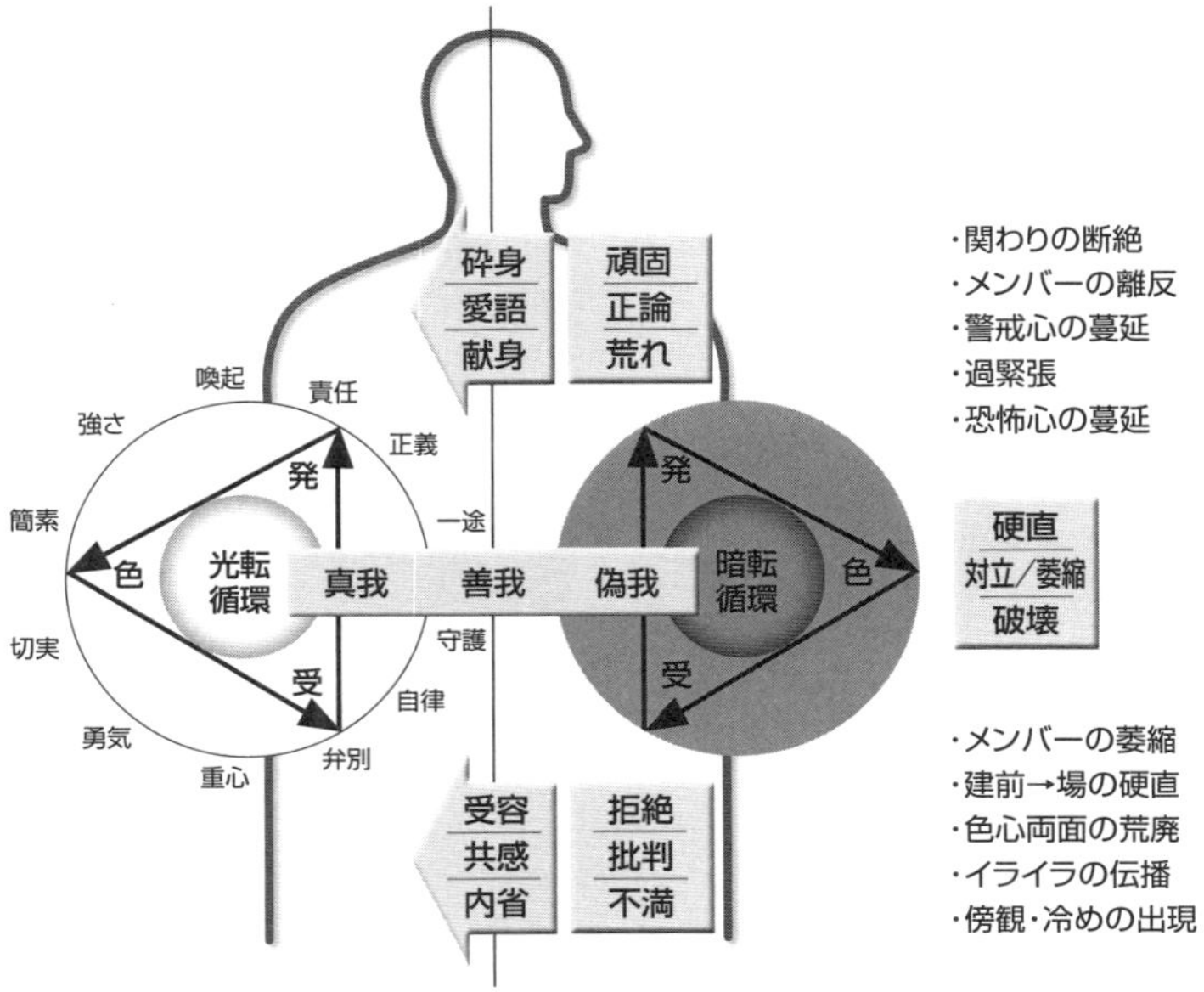

碎身
愛語
献身
頑固
正論
荒れ
喚起
責任
強さ
正義
簡素
一途
切実
守護
自律
勇気
重心
弁別
発
色
受
光転
循環
真我
善我
偽我
暗転
循環
受容
共感
内省
拒絶
批判
不満
・関わりの断絶
・メンバーの離反
・警戒心の蔓延
・過緊張
・恐怖心の蔓延
硬直
対立/萎縮
破壊
・メンバーの萎縮
・建前→場の硬直
・色心両面の荒廃
・イライラの伝播
・傍観・冷めの出現

苦・暴流＝「被害者」の受発色革命

立／萎縮《いしゅく》」という受発色の回路にあります。この回路では、何事に対しても、まず問題点や不足といった欠点に目を向ける「批判」的な受信をします。そして、その欠点を正すことに意識を集中して「正論」を発信します。そこでは往々《おうおう》にして、欠点に目が奪《うば》われるあまり、相手の願いや動機、そしてそこに孕《はら》まれている可能性などには、まったく気づけないということが生じます。その結果、相手はあなたに対して「対立」的な感情を抱くか、「萎縮」してしまい、本当の気持ちを打ち明けてくれなくなってしまいます。あなたは、いつまでも評論家のように欠点を指摘するだけで、本当の意味で当事者として事態を背負い、可能性を見出《みいだ》してそれを生かそうとはしないために、事態は暗礁に乗り上げて動かないという状態に陥《おちい》ってしまうのです。

苦・暴流の回路には、このほかに、事態や相手の意見を「拒絶《きょぜつ》」的に受信し、自《みずか》らの考えに固執《こしゅう》するあまり「頑固《がんこ》」に陥り、結果として事態も人間関係も「硬直《こうちょく》」させてしまう回路があります。

また、何事に対しても「不満」を抱き、「荒れ」た発言や行為を繰り返して、事態や人間関係、ときには実際のモノを「破壊」してしまう回路もあります。

これらの回路についてもぜひ、あなた自身の現実と擦《す》り合わせてみてください。

◎苦・暴流の受発色を抱いた理由――責任・一途《いちず》・自律《じりつ》を現すため

しかし、その一方で、苦・暴流には、他の回路にはない可能性があります。常に緊張感をもって「責任」を果たし、「一途」に大切なことに向かい、「簡素」に生きる「強さ」を抱いています。周囲には流されない「自律」の心を保《たも》って、「正義」のために自分を超えて場や人々を「守護」する力があるのです。

もしあなたがこの苦・暴流の心を抱いた人なら、あなた自身の中からそれらの光を何としても引き出していただきたいと思います。なぜなら、それがあなたの人生の必然であり、魂の約束だからなのです。

そして、その必然と約束に応えるために、あなたは、「批判」の受信を相手の可能性を受けとめる「共感」の受信へ、非情な「正論」の発信を愛情を持った「愛語」の発信へと、受発色を転換する歩みを必要としているのです。

◎苦《く》・衰退《すいたい》──「あきらめに縛《しば》られた卑下者《ひげしゃ》」のテーマとは

次に、事態を否定的に受けとめて、エネルギーが衰退してゆく傾向にあるのが、「苦・衰退」の受発色です。その特徴を一言で表せば、「あきらめに縛られた卑下者」の受発色と言えるでしょう。

そのようなあなたは、例えば、自分はどちらかと言うと、あまり人を刺激しないように控《ひか》えめにしているのに、なぜか周囲の人々は自分につらく当たってくるようになったという経験はありませんか。その原因は、苦・衰退の「否定→鈍重《どんじゅう》→沈鬱《ちんうつ》」の回路です。この回路では、何事に対しても、「自分にはとても無理」「もう駄目だ」と、「否定」的に受けとめてしまいます。そのため、発言の中身も行動のスピードも非常に「鈍重」なものとなり、その結果、事態がなかなか進まなくなってしまいます。周囲の人々は、自分たちがあなたに苦労を強《し》いているような気後《きおく》れを感じるようになり、「沈鬱」な状態が生まれてきます。それでも、もしあなたが、「今はできないけれど、頑張って力をつけよう」と努力するならば、そのあなたの姿に周囲の人々は励《はげ》まされ、照《て》らされるものです。また、努力しただけ事態も変わるでしょう。しかし、苦・衰退の回路のままでは、「沈鬱」な状態に

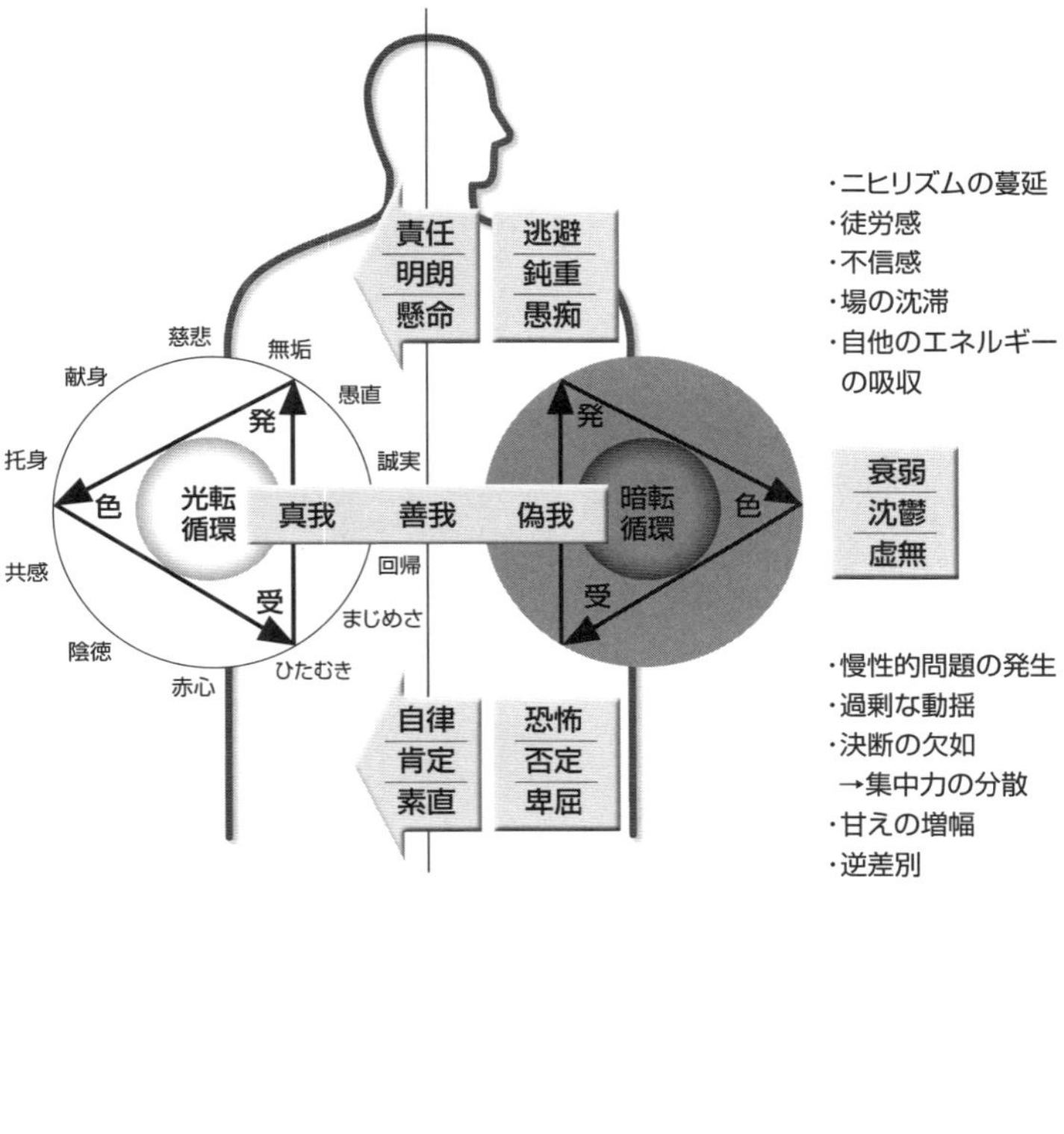

責任
明朗
懸命
逃避
鈍重
愚痴
・ニヒリズムの蔓延
・徒労感
・不信感
・場の沈滞
・自他のエネルギーの吸収
慈悲
無垢
献身
愚直
発
托身
誠実
色
光転循環
真我
善我
偽我
暗転循環
発
色
受
衰弱
沈鬱
虚無
共感
回帰
受
まじめさ
陰徳
ひたむき
赤心
・慢性的問題の発生
・過剰な動揺
・決断の欠如
→集中力の分散
・甘えの増幅
・逆差別
自律
肯定
素直
恐怖
否定
卑屈

苦・衰退＝「卑下者」の受発色革命

対して、「やっぱり自分は駄目だ」と「否定」で受信して、さらに「鈍重」さを増すために、周囲の人々は、深まる「沈鬱」に次第《しだい》にイライラを募《つの》らせてゆくことになるのです。

このほか、苦・衰退の回路としては、何事に対しても「恐怖」心で受けとめ、いかにその事態から「逃避」するかばかりを考えるため、事態や関係者は「衰弱」の一途《いっと》を辿《たど》るというところがあります。例えば、上司の叱責《しっせき》は怖《こわ》いのに、どうしてもミスを繰り返してしまうという方は、「恐怖」「逃避」の回路ゆえに、叱責から逃げることで頭がいっぱいになってしまい、結果的にミスの原因を掘り下げることができず、ミスを繰り返してしまうのです。

また、このタイプには、何事に対しても「卑屈《ひくつ》」に受けとめ、「愚痴《ぐち》」っぽい発言や行動を繰り返すうちに、その愚痴が現実であるかのように思い込み、「虚無《きょむ》」の淵《ふち》に陥ってしまう、という回路もあります。

それぞれの回路に思い当たる現実はないか、考えてみてください。

◎苦・衰退の受発色を抱いた理由——誠実・愚直《ぐちょく》・慈悲を現すため

このような条件を抱えていますが、しかし、やはりこの苦・衰退も、この回路だからこその可能性を抱いているのです。何よりも「誠実」さ、「まじめさ」が美徳です。「献身《けんしん》」と「陰徳《いんとく》」を重ねる歩みを人知れず、「愚直」に変わることなく続けることができる真っすぐな力。他人《ひと》の悲しみに深く「共感」し、同伴《どうはん》できる「慈悲」の力を現すことができるのです。

苦・衰退の回路を抱く人は、自分自身に対してどうしても否定的、悲観的、消極的になってしまいます。けれどもその回路をあなたが抱いた理由は、これらの光をあなたの周囲に、世界に放つためなのです。

そして、そのためにあなたは事態に対する「否定」的な受信を希望を忘れない「肯定」の受信へ、「鈍重」の発信を前向きな「明朗」の発信へと受発色の転換の歩みを進めることを、呼びかけられているということではないでしょうか。

◎快《かい》・衰退《すいたい》――「自己満足の幸福者《こうふくもの》」のテーマとは

最後に、事態を肯定的に受けとめて、エネルギーを抜いてゆく傾向にあるのが、「快・衰退」の受発色です。うまく行っていると感じると、「ちょっと、のんびりしたいな」と急速に安定志向に陥るのがこの回路です。その特徴を一言で表せば、「自己満足の幸福者」の受発色と言えるでしょう。

そのようなあなたは、例えば、いざというときに、その事態を乗り切るだけの技術や備《そな》えがなく、パニックに陥ったり、周りの人々のお世話になったという経験がありませんか。その原因は、快・衰退の「満足→怠惰《たいだ》→停滞《ていたい》」という受発色の回路です。ここで言う「満足」とは、「足ることを知る」こととは違います。足ることを知るとは、人間として何が最も大切かを見極《みきわ》めていて、それ以外は捨てられる真に自由な心の状態を言います。それに対して「満足」とは、自分さえよければ、今が楽しければ、それでよいという受信です。足ることを知った心が「怠惰」に流されることはありませんが、「満足」は「怠惰」に流されます。そして、あなた自身も、またあなたが責任を負っている場も、「停滞」することになります。もともとはそれなりに力を持っていても、知らぬ間に「井の中の蛙《かわず》」とな

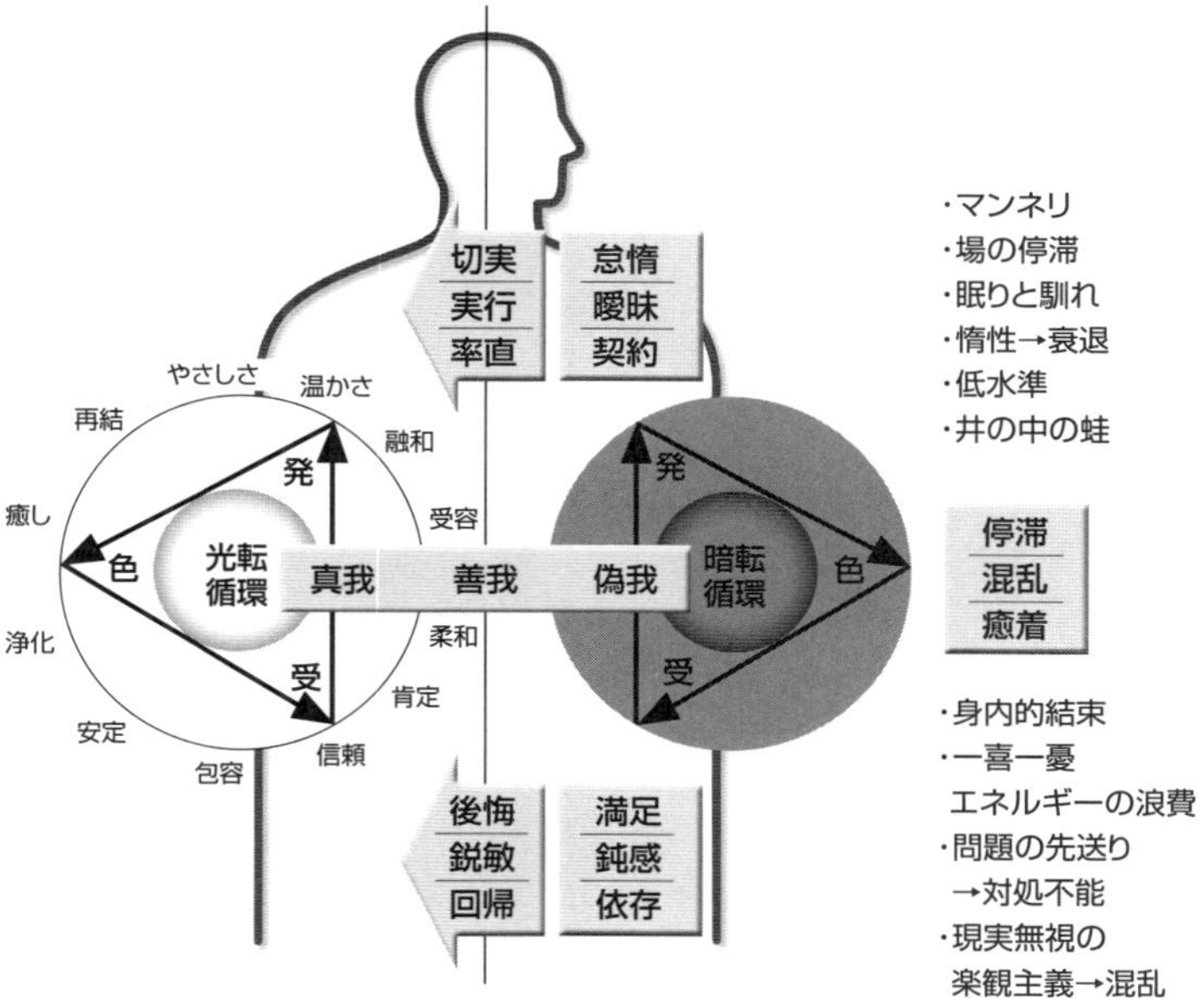
切実
実行
率直
怠惰
曖昧
契約
やさしさ
温かさ
再結
融和
癒し
受容
浄化
柔和
安定
肯定
包容
信頼
発
色
受
光転
循環
真我
善我
偽我
暗転
循環
発
色
受
停滞
混乱
癒着
・マンネリ
・場の停滞
・眠りと馴れ
・惰性→衰退
・低水準
・井の中の蛙
・身内的結束
・一喜一憂
エネルギーの浪費
・問題の先送り
→対処不能
・現実無視の
楽観主義→混乱
後悔
鋭敏
回帰
満足
鈍感
依存

快・衰退＝「幸福者」の受発色革命

ってしまい、いざというときには、しかるべき水準をもって応《こた》えることができないということになるのです。

快・衰退には、このほか何事に対しても危機感が弱いために、事態の観察やその意味の読みに対して「鈍感《どんかん》」で、踏《ふ》まえるべき情報や観点も「曖昧《あいまい》」なままに行動し、かえって事態や関係者を「混乱」に陥《おとしい》れるという回路があります。

また、人や事態から圧迫されることをできるだけ避《さ》けていたいために、力のありそうな人に「依存」し、その人に助けてもらう「契約」的な関わりを続け、その人が道義《どうぎ》に反することを企《くわだ》てても違和感《いわかん》を覚えず、率直に意見できないような「癒着《ゆちゃく》」した関係をつくってしまうという回路があります。

これらの回路に思い当たる現実があるという方が多いのではないでしょうか。

◎快・衰退の受発色を抱いた理由――やさしさ・癒《いや》し・再結《さいけつ》（絆《きずな》の結び直し）を現すため

しかし、これらの限界、問題を抱えていても、快・衰退にはかけがえのない可能性があります。何よりも人や事態を「受容《じゅよう》」する「やさしさ」と「包容《ほうよう》」力。様々な人の中で「融和《ゆうわ》」的にはたらき、捻《ねじ》れた関係を「再結」し、「安定」した状態を導《みちび》くことができるのです。

もし、あなたが快・衰退の回路を抱いているとしたら、それはその可能性を現すためです。このような可能性と光を発しなければ、人生の必然に応えることはできないということではないでしょうか。

そして、その必然に応えるために、あなたは自分だけが満たされている「満足」の受信を他を想って不足を噛《か》みしめる「後悔」の受信へ、そして「怠惰」の発信をもっと「切実」な発信へと、受発色転換の歩みを進めることを呼びかけられているのです。

◎心と現実とのつながりを実感するところから出発する

受発色の回路について、少し補足《ほそく》しておきたいと思います。

私たちは誰もが、人生を全体として形づくる基本的な受発色の傾向を抱いていますが、例えば、「快・暴流」の傾向の方が「苦・衰退」の反応を示すときもあります。快・暴流の方でも、「苦」と受けとめざるを得ない事態に遭遇《そうぐう》することがあるからです。

また、中には、人間の心がたった四つにしか分類されないことに、違和感を覚える方もいらっしゃるかもしれません。確かに人間の心は、一念の中に宇宙の全存在が備わっていることを表す「一念三千」という仏教の言葉の通り多様です。しかしだからこそ、分かりやすい座標軸《ざひょうじく》が必要なのです。東西南北という軸があるからこそ、位置や方角が表現できるようになるのと同じです。その意味で私は、本章に掲げた図を、「煩悩《ぼんのう》地図」あるいは「魂羅針盤《たましいらしんばん》」（ソウルコンパス）と呼んできました。これにより、捉えどころのなかった人間の心と現実の関係、そして心の変革の進路が見えるようになるからです。「受発色」というまなざしも、またそのタイプの分類も、目的はまさにそこにあります。

あなたの「受発色」はどの回路でしょうか。それを本当に摑《つか》んでゆくためには、三一四頁にご紹介する「止観《しかん》シート」への取り組みが必要ですが、小著『いま一番解決したいこと』『人生で一番知りたかったこと』等に掲載の「自己診断チャート」に取り組んでいただけるなら、より正確な見当をつけることができます。

そして、自分の「受発色」のタイプに見当がついたら、煩悩地図にご自身の人生を重ね合わせてみてください。うれしかったこと、悲しかったこと、人生の転機……。それらの出会いや出来事に、あなたはどう受信し、発信していたでしょうか。そしてその結果、もたらされた現実はどうだったでしょうか。また、今、直面している問題に対する受信、発信はどうでしょうか。図の通りになってはいないでしょうか。

「受発色」をなぞってゆく中で、これまでの自らのあり方に後悔を覚え、変革の必然を感じ始めた方もいらっしゃるでしょう。また、問題解決の糸口を見出された方もいらっしゃるかもしれません。いずれにしても、ここではまず、あなたの心とあなたの現実が本当につながっていることを実感していただきたいと思います。

そして、あなたの中に眠っているあなただけの光を思っていただきたいのです。それを現すことができるのは、あなた自身のこれからの日々なのです。

10 三つの「ち」――人生を呪縛《じゅばく》するもの

両親からの「血《ち》」の流れ、土地からの「地《ち》」の流れ、そして時代からの「知《ち》」の流れ――。願いと後悔を抱《いだ》いてきた魂は、この三つの「ち」の流れを過去からの遺産《いさん》として引き受けることから人生を始める。そして、光と闇《やみ》の混在《こんざい》するその流れによって、人生は呪縛を受けることになる。

◎無力・無知・無垢《むく》な赤子として誕生する人間

生まれたばかりの赤子――。その存在は、あまりにも無力で、何も知らず、何にも染《そ》まっていない無垢な存在です。誰《だれ》もが等しく、その状態から人生を始めました。その誕生の条件ゆえに、私たちの人生には何がもたらされたのでしょうか。

人間以外の他の動物たちの中で、これほど無力な誕生を迎える存在はないと言っても過言ではありません。

例えば、生まれたばかりの馬の赤ちゃんは、母親の胎内《たいない》から出て、ほどなくすれば、おぼつかない足取りながら、自分で立って歩くことができるようになります。自分で食べ物を食べ、親から自立して動き回り、自分で生きてゆけるようになるために、さほど長い時間を要しません。他の動物たちも同様です。

しかし、人間の赤子だけは、数カ月経《た》っても自分で食べることができません。一人で歩くことができるようになるのにも、一年ほどの歳月《さいげつ》がかかります。さらに、親から自立して生き始めるのに、他の動物たちとは比較にならないほど長い歳月を要します。二十年以上もの歳月を親と一緒に暮らす動物は、人間以外にはありません。それだけ環境の影響を強く受けるということです。

そして、重要なことは、自分で自分を守ることもできないほどの無力さゆえに、すべてを世界に依存して生きざるを得ないことです。両親からのまなざしや言葉をはじめとして、周囲の環境からの一切が怒濤《どとう》のように私たちの中に流れ込みます。あたかも真っ白な紙が赤や青のインクに染まってゆくように、生まれたその場所に待っていた両親、土地、時代・社会からの流れにみるみる染まってゆくのです。

無力で無知で無垢な誕生を迎える私たち人間は、完ぺきなまでの無防備さのうちに、環境の奴隷《どれい》とならざるを得ないのです。

◎「血」「地」「知」という三つの流れを引き受けて

生まれたばかりの私たちに流れ込むもの、それを私は「三つの『ち』」(血地知)と呼んできました。

①「血」の流れ

まず「血」とは、両親を通して私たちの中に流れ込む川の流れです。母親が授乳《じゅにゅう》しながら私たちに注《そそ》ぐまなざしやそのぬくもり、語りかける一言一言、歌ってくれた子守歌、父親の働く姿、生きる後ろ姿……。それらを通して、私たちに流れ込む「血」の流れがあります。

両親の感情の起伏《きふく》、考え方や価値観、善悪観。また、人に対する関わり方や距離の取り方、事態に対する感じ方、受けとめ方、物事への関心の向け方や態度……等々。その一つ一つが怒濤のように、私たちの中に流れ込むのです。

両親がこだわりや偏見《へんけん》、不信感などを抱《いだ》いていれば、それはごく自然に感覚や感情も伴《ともな》って私たち自身のものになります。例えば、日頃直接的な関わりがあまりない親戚《しんせき》の人に対して、両親が嫌《きら》いであればなぜか私たちも好きになれず、逆に両親が好ましく思っている人に対しては、いつの間にか好印象を抱いていたということはないでしょうか。

生い立ちの中で繰《く》り返し聞かされた言葉も、「血」の流れとして私たちの人生に大きな影響を与えます。

「負けたら終わり」「正直者はばかをみる」「出る杭《くい》は打たれるから、絶対に目立つことはするな」「人間は誇《ほこ》りを失ったら終わり」……等々、両親から繰り返し聞かされた言葉はそのまま心の奥に刻まれてゆき、いつの間にかその人のものになってゆきます。

大変苦労の多かった父親から、「何よりも頼《たよ》りになるのはお金だ」と言われ続けて育ったある男性は、自分自身は経済的な苦労はしていないにもかかわらず、どうしてもお金にこだわる生き方を長い間やめられなかったと言われました。

両親が抱く価値観も、そのまま流れ込みます。世間のまなざしに価値を置く親もあり、立場や地位を何よりも拠《よ》りどころにする親もあります。学歴こそが人を幸せにすると信じている場合もあれば、技術をつけることが先決《せんけつ》と思っている場合もあります。両親が抱くそうした価値観を空気のように自然に吸い込んで、無自覚のうちに人生をつくりあげてゆくことになるのです。

②「地」の流れ

二番目の「地」とは、生まれ育ったその地域の風土や風習、習慣などの「土地」からの流れです。生まれ育ったその場所が、自然の豊かな田舎《いなか》だったのか、都会だったのか。海辺だったのか、山間《やまあい》の村だったのか。閉鎖《へいさ》的な土地柄《とちがら》だったのか、開放的だったのか。豊かな国に生まれたのか、貧しい国だったのか。身分の差や職業の貴賤《きせん》、階層の区別のある国だったのか、そうでないのか……等々、生まれ育った土地から流れ込んだものによって、受ける影響はまったく異なるものとなるでしょう。一人の個人は、その土地の歴史や風土といった背景を背負うことになるのです。

③「知」の流れ

最後の「知」とは、時代・社会から流れ込む知識や思想、価値観、先入観などです。日本でも戦前と戦後では、受けた教育も社会の風潮も違い、人々が抱く国に対する忠誠心《ちゅうせいしん》や愛国心はまったく異なっています。また、同じ戦後であっても、高度経済成長期に子ども

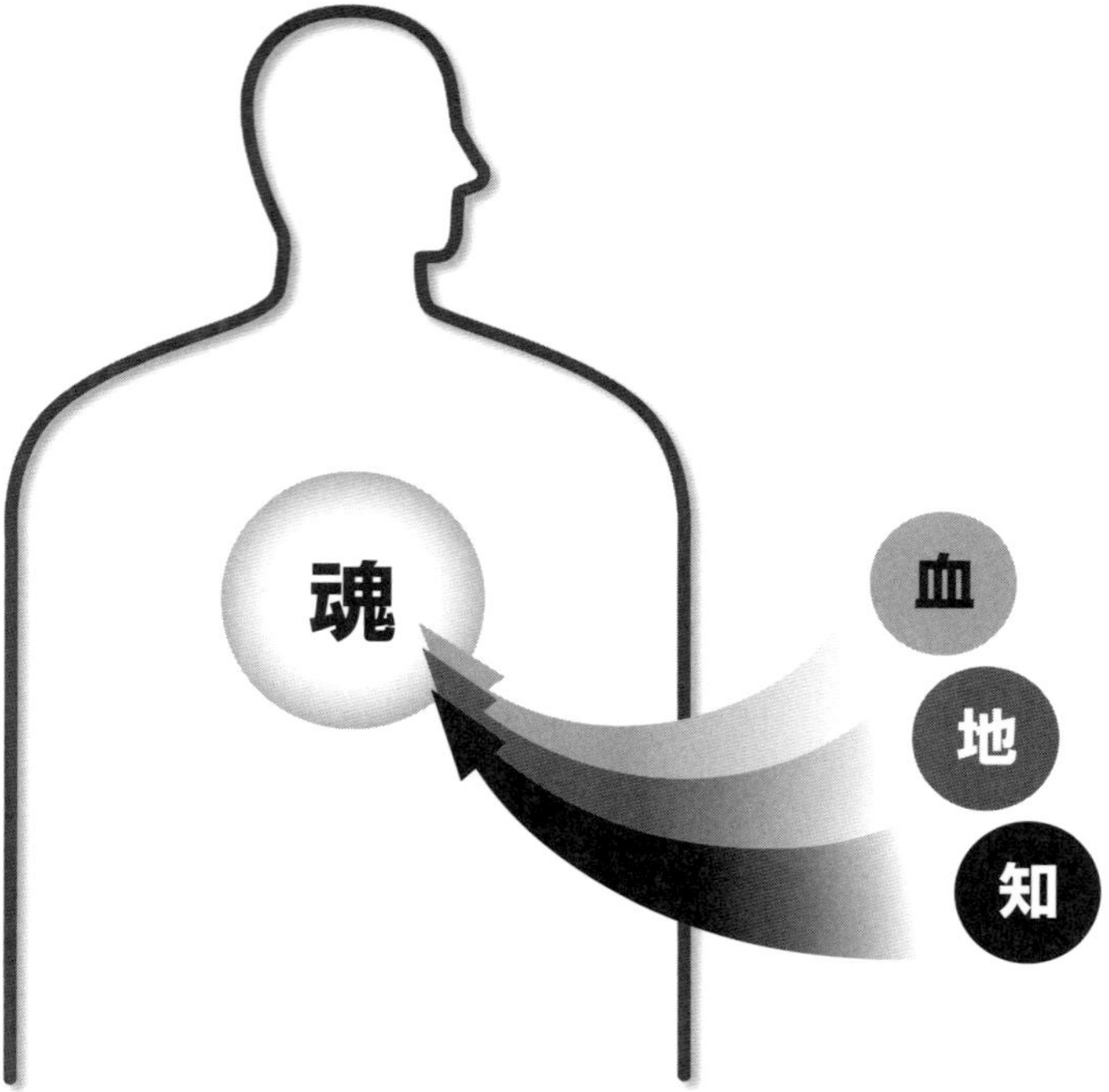

血：血筋——両親、血統、家系、先祖
地：地域——土地の風習、慣習
知：知識——時代の知識、情報、価値観

三つの「ち」

時代を過ごした世代と、バブル経済崩壊《ほうかい》後の世代では、職業観や金銭感覚、また幸福観が大きく異なるでしょう。生まれた時代によって、憧《あこが》れの職業も変わり、心が惹《ひ》かれる人物も変わり、良しとする生き方も変わってしまうということです。

◎三つの「ち」を自分と思い込んで生きる不自由

遙《はる》かな過去より、多くのものを運んで流れ続ける「血地知」という三つの川の流れ——。私たちはその流れをすべて吸収し、そこにあったものを真実として疑《うたが》うこともなく成長してゆきます。過去からの光闇混在のバトンを遺産のように受け取って、誰もが人生を歩むのです。

重要なことは、このことに誰もが「無自覚」であるということです。

この三つの「ち」から、まなざしを受け取り、言葉を受け取り、考え方を受け取り、人間観や世界観を受け取って、そして、いつの間にか「今の自分になっていた」わけですが、誰からどのようにそれらを受け取ったのかも無自覚で、受け取ったという意識すらありません。

なぜ今のような好き嫌いを自分が抱くようになったのか、様々な価値観をいつからどのようにして自分が抱くようになったのか、そのルーツを遡《さかのぼ》ることができないままに、受け取ったものを「自分そのもの」と思い込んで生きることになるのです。

ですから、自分の考え方ややり方と言っても、いつか誰かから受け取ったものであるにもかかわらず、それを否定されると、不快になったり、怒りを覚えたりします。

ある女性は、嫁《とつ》いで子どもが生まれたのですが、子どもを寝かせるために背中に背負おうとしたところ、お姑《しゅうとめ》さんから、「おんぶ」は良くないと咎《とが》められました。そのお姑さんは、赤ちゃんには「だっこ」は良いが、「おんぶ」は良くないと信じていたのです。一見ささやかに思われるそんなことも、嫁姑の二人の間の溝《みぞ》を深めるきっかけになっていったと人生を振り返って言われます。

毎日の食事の味付けや洗濯《せんたく》物の干《ほ》し方、掃除《そうじ》の仕方、子どもの育て方、夫婦の関わり方、人生の指針《ししん》の持ち方……。それぞれが人生の中で身につけてきた受発色《じゅはっしき》は当然違うわけです。そして、誰もがどうしても自分の方が正しいとしか思えない。自分と違うあり方に対しては受けとめ切れないのです。

三つの「ち」によって軋轢《あつれき》が生じたり、不理解が生じる——。それは、個人と個人との間の問題に限りません。代々引き継がれる一族と一族の争いや隣村同士の諍《いさか》い、ひいては何百年何千年にもわたる民族間の対立や国家間の紛争《ふんそう》へとつながってゆくわけです。

◎人生を呪縛する三つの「ち」

三つの「ち」を引き受けることによって、背負うことになる何よりもの不自由、それは、三つの「ち」によってつくられた轍《わだち》の方向にしか未来への道を選択《せんたく》できなくなることです。実際にはたくさんの選択の道が開かれているのに、一つの道しか選べなくなる。否《いな》、むしろ他の選択は思いつくことすらできないのです。言葉を換《か》えれば、三つの「ち」によってそれだけ歪《ひず》みのある受発色しか現せなくなるのです。

医師の妻として生きてこられたある六十代の女性は、心の中にいつも「他人《ひと》は自分のことをどう思っているのだろう」「嫌われたらどうしよう」といった想いがあり、他人のまなざしが気になって仕方がなかったと言われます。まさにそのような受発色の回路でしか人との関わりが結べなくなっていたのです。

神理のまなざしで人生を見つめてゆく中で、ある一つの事件が思い出されました。小学校の六年生のときのことでした。学級委員の選挙に落選したのです。当時積極的で明るかったこの方は、クラスの皆から好かれていると信じていたため、学級委員に落選するなどとは思ってもみない結果でした。大変な衝撃《しょうげき》を受けました。

「人は信じられない」「人と関わると、ろくなことはない」——。そう強く心に刻みました。他人のまなざしが気になり、嫌われることを恐れて、ある距離を置いて関わるようになるきっかけになった出来事でした。

なぜそこまで否定の想いを抱いたのか、さらに人生を遡って見つめていったとき、そこには、両親から引き受けた「血」の流れや土地からの「地」の流れが横たわっていたことに気づいてゆかれました。

この方のご両親は、その三代前から、現在の地域に住むようになったということもあり、常に自分たちは「よそ者である」という意識を持ち続けていらっしゃったのです。違う土地からやって来て、肩身《かたみ》の狭《せま》い想いをし、爪《つめ》に火をともすようにして懸命《けんめい》に生きなければならなかった先祖たちの人生から流れ込んだ「血」と「地」の流れ——。そこに眼が開かれていったとき、自《みず》らの人生の伴侶《はんりょ》の選択すらも、その流れとは別ではなかったと感じるようになってゆかれました。「人から後ろ指をさされないように」「白い眼で見られないように……」、そんな想いが医者である夫との結婚を選んだ大きな理由でもあったことに思い至られました。「医者と結婚すれば、自分はきっと幸せになれる」、そう思っての選択でした。実際には、その結婚には思いもかけない多くの試練が待ち受けており、苦労をすることになったわけですが、選択の折には、それ以外の考え方はできなかったのです。

また、七十代のある男性は、自らの内を見つめてゆく歩みの中で、事あるごとに自分の内側から「自分ごときが」という「つぶやき」が出てくることに気づかれました。さらに、その奥には「自分ごときが何かしたって、大きな力には抗《こう》し難《がた》い」という想いが横たわっていました。

この方の父親は、代々地域の地主の家系に生まれ、村長として村の人々からの人望《じんぼう》もある方でした。この方は幼い頃より父親が大好きで、父親に憧れて育ちました。ところが第二次大戦後、農地改革の政策により、農地をすべて開放しなければならなくなったのです。一家にとっては、晴天《せいてん》の霹靂《へきれき》とも言うべき大変な出来事でした。家族は一転して貧しい生活に追い込まれました。さらに、村人たちの父親に対する態度が、変貌《へんぼう》していったのです。

こうした経験をする中で、この方の中には、「世の中には強者と弱者、支配する者と支配される者が存在する」「自分ごときが何かしたって、大きな力には抗し難い」という想いがつくられてゆきました。そして、その想いゆえに、人生の選択の折々《おりおり》で、行く手を阻《はば》む壁が現れると、挑戦するより、あきらめる方向へ方向へと無意識のうちに道を選ぶという受発色を現してきたことを、人生を振り返る中、気づいてゆかれたのです。


私たちが、三つの「ち」の呪縛から自由になる道は、まず、自分に流れ込んだ三つの「ち」をあるがままに見る、如実知見《にょじつちけん》することからその一歩が始まります。

そして、その流れに呪縛されていた自分から少しずつ自由になってゆく道行きに、実は、自分が引き受けた三つの「ち」の中にこそ、自分が生まれてきた理由《わけ》が隠《かく》されていたことを知ることができるのです。

11 人は「永遠の生命」を生きる魂存在である

「私は、この人生で終わる存在ではない。永遠の生命を生きている」――そのまなざしをもって生き始めるとき、あなたの人生は変貌《へんぼう》を遂《と》げる。「私はどこから来て、どこへ行くのか」という問いへの答えを自《みずか》ら見出《みいだ》すことができる。

◎人はなぜ死を恐れるのか

「私は死ぬのが怖《こわ》いのです。私の中に死に対する大変な恐怖があります」。そう訴《うった》えるお手紙を中山道子さん（当時五十代・仮名）から受け取ったのは、今から二十年ほど前のことです。道子さんが癌《がん》の手術を受けられた直後のお手紙でした。

私は、入院されている病室に向かいました。道子さんが苛《さいな》まれている、死に対する恐怖という霊的な痛みを何とか癒《いや》してさしあげたい――。そんな想いで訪れた病室の道子さんには、当時大学で教鞭《きょうべん》を執《と》っていたご主人が付き添《そ》っていらっしゃいました。

「道子さん、お手紙拝見しましたよ。何が怖いのか、一緒に考えてみましょう。道子さんは、まだ死ぬという経験をしたことがないのに、なぜ怖いのでしょう」

そう問いかけますと、道子さんは、驚《おどろ》いたように、目をいっぱいに開いて私をじっと見つめられ、「そう言えば、私まだ死んだことがありませんね」とふっと笑われました。

「ということは、死ということが怖いんじゃなくて、今まで慣れ親しんだ世界との様々な関わりが切れてしまうことが怖いのではないでしょうか。例えば、あなたを守ってくださったり、理解してくださった方々とのご縁《えん》が切れること、また、あなたが住み慣れたあの家と別れなければならないこと……。つまり、今までとは違う関わりへと自分を変えなければならないことを恐れているということではないのでしょうか」

道子さんは大きくため息をついて、深くうなずかれました。

誰《だれ》も実際には死を経験したことがないのに、死を恐れます。経験したことがないのなら、死そのものが痛いとか、苦しいとか、怖いとかは分からないはずです。幻想《げんそう》の恐怖とも言えるでしょう。

死を恐れる想いの裏には、実は、生きて世界や人と関わることができるということを、それだけ大切に感じている心があるのです。ですから、その関わりが断ち切られることを恐れ、悲しく思うのです。

道子さんは、恐怖の正体を掴《つか》んだその日を境《さかい》に、驚くほど生命力を取り戻してゆかれました。少し前には余命《よめい》が幾《いく》ばくもないと医師から宣告《せんこく》され、抗癌治療《こうがんちりょう》も打ち切っていたのですが、数日後に調べた検査では、不思議なことに癌が二分の一に縮小《しゅくしょう》していることが分かり、治療を再度開始する覚悟《かくご》を決められました。担当医の方も驚くような変化でした。

「何が大切か、分かった――」

そう得心《とくしん》した道子さんは、すっかりあきらめていた「生きること」の意味を見出されたのです。大切なものは人との絆《きずな》であり、与えられている関わりであり、そして今ある人生――。そこにすべてをかけようと一念を定められたのです。

それからは、かつては距離があったご主人やお子さんとの関わりも、率直《そっちょく》に語り合える、距離のないものになってゆきました。どちらかと言うと引っ込み思案《じあん》で消極的だった道子さんが、物怖《ものお》じすることなく、同じように病《やまい》に倒れている方々のところに出かけてゆき、癒し、励《はげ》ますようにすらなられました。そして、懸命《けんめい》に生きて、八年の歳月《さいげつ》が流れました。

◎「死に方が分からない」

八年という時間を精いっぱい生きられた後、再び病で倒れた道子さんとの出会いの時を私は持ちました。もうさほど時間が残されていないことをご本人も感じていらっしゃいました。そして、私の顔を見て、「先生、死に方が分からない。どうやって往《い》ったらいいのか分からない」と言われたのです。未経験な人生の一大事に臨《のぞ》むわけですから、当然とも言える率直な問いかけでした。

「大丈夫よ。初めてのお産、娘さんを産んだときのことを思い出して。これから肉体から魂を産むと思ってほしい。あのときだって、経験したことがなかったけれど、無事にお産をすることができたでしょう。陣痛《じんつう》が来て、苦しかったけれど、無事に赤ちゃんが生まれましたね。同じことですよ。長年慣れ親しんだ肉体と魂とのつながりが切れるのは少し苦しいけれど、それを越えたら、肉体を離れて、もう一つの世界に魂が生まれてゆくんですよ」

そうお伝えすると、安心したように微笑《ほほえ》まれました。そして、私は道子さんと一緒に、これまでの人生を振り返る時を持たせていただきました。懐《なつ》かしい、忘れ難《がた》い思い出やかけがえのない出会いの数々……。

私は、心に映し出されてくる、様々なヴィジョンを見えてくるままに、お伝えしました。例えば、道子さんが、もう一度帰りたいけれども、もう二度と歩くことができない、家族の待つ家までの道のり——。

「コンビニエンスストア、緑の旗のレンタカーの店、ウインクした目の看板のある喫茶店、そして、堀内さんの家を右に曲がると、あなたの家。黄色、紫、赤のパンジーが咲いていて、小さなピンクのサンダルが見えます。玄関には自転車と赤い空気入れ……」

道子さんは驚かれながら、私の一言一言とともに、わが家への道を辿《たど》り、慣れ親しんだ庭や家の中を心の中で巡《めぐ》ることになりました。

そのとき同時に、今は亡き父親の魂が道子さんに語りかけてきました。道子さんが次の世界に行く準備ができて、どんなに幸せかということ。そして、自分が病気で苦労をかけたことを申し訳なく思っていること……。道子さんは、誰にも話したことのなかった父親の想いが私を通して語られるのを聞き、確かにそこに父親がいることを感じていました。

さらに続いて、後述《こうじゅつ》するような道子さんの前世《ぜんせ》のことにも話は及んでゆきました。

「先生、私はもう大丈夫です。どうか、苦しんでいる人の所へ行ってあげてください」

道子さんはそう語られました。かつて恐《こわ》がりだった道子さんが、自ら死に臨む覚悟を定めたばかりか、苦しみのさなかにある他の方を思いやる気持ちを抱かれる——。魂としての真の強さとやさしさの光が放たれていました。

◎転生《てんしょう》する魂

道子さんとの対話の中で、私の魂に映ってきたヴィジョンがありました。道子さんは、前世、なかなか家族の絆を結ぶことができず、つらい人生を過ごしたことがあったのです。夫からずいぶん酷《むご》い仕打《しう》ちを受け、逃げて逃げて、お寺に駆《か》け込みました。そこで剃髪《ていはつ》をして、出家したのです。お寺には、たくさんの不幸な女性たちがいました。道子さんの前世の魂は、その人々の幸せを願うようになりました。諸行無常《しょぎょうむじょう》の世の中にあって、信仰に生きること、心をつくることがいかに大切かも知りました。そのことを実感するような厳《きび》しい人生だったのです。そして、人生を終え、次の世にさらにその願いの成就《じょうじゅ》をかけたのです。

「道子さん、今世《こんせ》、あなたは、新しく生まれ変わって、妻となりお母さんになって、家族と家庭を守れましたね。今世の娘さん、ご主人との絆を結び、家族の環《わ》をあなたは結ぶことができました。その中で信仰を貫《つらぬ》くこともできましたね」

道子さんは涙を流されながら、一言一言にうなずかれました。

道子さんが命を引き取られたのは、私が病院へ赴《おもむ》いたその翌日のことでした。最期《さいご》まで、共に生きた方々への感謝の気持ちに満たされて、次なる世界へ旅立ってゆかれたのです。

◎「永遠の生命」というまなざしを持つとき、人生は変貌を遂げる

「私はどこから来たのだろう?」「死んだらどうなるの?」……。そうした疑問を誰もが、一度ならず抱いたことがあるのではないでしょうか。

そのようなことは考えたことがないという方でも、もし知り合いやご親族など身近な方が他界《たかい》されたとしたら、きっと切実に問いかけずにはいられなくなるのではないでしょうか。亡くなった瞬間に、かき消すようにその存在が無に帰《むき》するとは、にわかには信じ難いでしょう。そして、できることなら、もう一度、その方と言葉を交わしたい。もし許され

るなら、どんな気持ちを残して旅立っていったのか、一言でもいいから聴かせてほしい――。ただ沈黙《ちんもく》するばかりの亡骸《なきがら》を前にして、深い悲しみとともに、亡くなったその方に語りかけずにいられなかったという体験をお持ちの方も、きっと少なくはないと思います。

それはそのような体験を持ったすべての方々が、実は私たちが人として生まれ、生きていることの「原因」が、魂の次元にあることを感じていたということなのではないでしょうか。

人は誰もが永遠の生命を抱き、転生を繰り返しながら、魂の深化《しんか》・成長を果たしたいと願って生まれてきた存在――。「人は死んで終わりではなく、永遠の生命を生きる魂存在である」というまなざしに立って人間や世界を捉《とら》え直し、生き始めようとするとき、あなたの人生は変貌を遂げることでしょう。人間は「死んだら終わり」と考えるのと、「永遠の生命」と考えるのでは、生き方の中心、人生の立脚点《りっきゃくてん》がまったく違ってしまうからです。

日常感覚でつらいと感じることが、魂にとっては、まさにその人生で体験したかったことであったり、日常感覚で避《さ》けたいと思うことも、魂にとっては「かけがえのないチャンス」であったりすることが少なくはありません。ですから、苦手で嫌《いや》な人としか思えなかった方との出会いが、とても大切でいとおしく思える。試練に出会えば、「本当に有難《ありがた》い、この時を待っていた」と心底感じられるということがあります。それは、「私の中には、永遠の時をかけて果たすべき魂の願いがあり、そのためにどうしても生まれたいと願って生まれてきた」という魂の実感が、人生の立脚点となり、生きることの中心に据《す》えられるからです。それは、たとえるなら、人生の最期を迎えたときに感じる深い後悔——どんな出会いや出来事もかけがえなく大切に思える情動《じょうどう》を起点に、「今」を生きることができるようになるということなのです。

12 魂は転生《てんしょう》を繰《く》り返し、深化《しんか》・成長し続ける

一度の人生で体験できること、果たせることは、わずかである。どんなに懸命《けんめい》に生きたとしても、多くの後悔を残すのが人生。しかし、その後悔こそが、次なる生を再生させるエネルギーであり、転生を導《みちび》く力である。そうして転生を繰り返す中、体験を重ね、智慧《ちえ》を蓄積《ちくせき》して、魂は限りなく深化・成長し続ける。

◎魂は、なぜ転生を繰り返すのか

人は、一度限りの人生を生きるのではなく、死と再生を繰り返し、永遠の時を生きる旅人です。あるときは多くの人の上に立つ権力者として、またあるときは平凡な一市民として生きる。ヨーロッパに生まれることもあれば、エジプトや中国、あるいは日本に生まれることもある。……誰《だれ》もが魂として、数多くの人生を体験しているのです。

では、なぜ人は、このように永遠の生命として転生輪廻《りんね》を繰り返すのでしょうか。

それは、一度限りの人生では決して果たすことのできない願い、何度生まれ変わっても

変わることなく魂が抱《いだ》き続けている「永遠の願い」を果たすためです。たとえどのような時代に生まれようとも、まったく異なる人生の条件を与えられようとも、魂の願いは変わることなく、その魂の歩みにおいて貫《つらぬ》かれるものです。

人はどんなに懸命に生きたとしても、長くて百年ほどの一生の間に、魂が抱く願いのすべてを果たすことはできません。そして同時に、多くの後悔を人生に残すことになります。家族を大切にしたいと願っていても、病《やまい》のために若くして死ななければならないこともあるでしょう。また、苦労して一代で会社を築き上げ、多くの若者をその場で育もうと願ってきた人が、いよいよこれからというときに、寿命《じゅみょう》が尽《つ》きてしまうこともあるかもしれません。友情を結び合いたいと願いながら、誤解や不理解から関係が捻《ねじ》れざるを得なくなってしまう場合もあります。そうした人生で出会った一人ひとりの存在や出来事が、人生の最期《さいご》を迎えたとき、走馬燈《そうまとう》のように蘇《よみがえ》ってきます。

もし許されることなら、人生をもう一度やり直したい。あの人と再会し、友情を育みたい。やり残した仕事を果たしたい。今度こそは、自分の弱さに負けないで、志《こころざし》を貫きたい……。そのような痛烈《つうれつ》な後悔、まさに「慚愧《ざんき》」とも言うべき感情を体験することになります。そして、その後悔は、もう一つの次元に帰ってますます研《と》ぎ澄《す》まされ、具体的な輪郭《りんかく》をもって次なる転生に向かうエネルギーとして蓄積されてゆきます。つまり、こうした魂の後悔こそが、次なる転生を導く「力」となり、新たな人生を貫く「願い」となってゆくのです。

生まれてくるたびに、人は歓びや悲しみ、試練や葛藤《かっとう》の体験を重ね、その体験はかけがえのない宝となって愛や慈《いつく》しみを深め、智慧を深めてゆきます。このように、永遠の時をかけて、魂の深化・成長をどこまでも果たしてゆく存在が私たち人間であるということです。

◎「結局最後は捨てられる」――人生の居場所を求めて

ここで、一人の魂の転生にわたる歩みをご紹介したいと思います。

今年の一月、六十九歳の生涯《しょうがい》を閉じられた河内《かわち》達夫さん（仮名）と初めてお会いしたのは、今から三十年ほど前のことでした。当時河内さんは、自《みずか》ら会社の経営をされながら、同時にＴＬ《トータルライフ》経営の勉強会*注の事務局を担《にな》うお一人として、経営者の方々のお世話に奔走《ほんそう》される精力的な毎日を送られていました。その河内さんが、今から十二年前、ＡＬＳ《エーエルエス》（筋萎縮《きんいしゅく》性側索硬化症《せいそくさくこうかしょう》）という難病《なんびょう》に罹《かか》り、医師から「あと半年の命」と告知《こくち》されました。しかし、それから十二年間にわたって命の時間を生き抜き、それも、同じALSの患者さんのために尽くす日々を過ごされたのです。

この河内さんの魂の物語を深く受けとめていただくために、まず、河内さんが生い立ちの中で背負うことになった「三つの『ち』」（一一六頁参照）についてお伝えしたいと思います。

河内さんの父親は、東北のある地方都市において、若くして地元の市会議員に選出されるなど人望《じんぼう》もあり、市の発展に寄与《きよ》された方でした。時代の動向に敏感で、ほどなく蝋燭《ろうそく》の時代は終わるだろうとガス会社を興《おこ》し、メディアも変わると予見して、印刷会社を創設し、さらには金融の土台を築くために銀行を整備してゆくなど、次々に新しい時代に必要となる事業を手がけてゆかれました。一方母親は、名門の出でしたが、正妻《せいさい》ではなく、内《ない》縁《えん》関係にあった方でした。河内さんは、二人の間に生まれた四人の子どもの末っ子として生を享《う》けました。いわゆる日陰《ひかげ》の身として、身を潜《ひそ》めるようにして生きなければならなかった母親は、精神的にも安らぎのない状態の中で河内さんを身籠《みご》もり、育てたのです。やがてその母親も、まだわずか三歳の河内さんを残して亡くなってしまいます。

こうした生い立ちの中で、河内さんの心からは様々な想いが、痛みとともに引き出されてゆきました。中でも、通奏低音《つうそうていおん》のように河内さんの人生に響《ひび》き続けることになった想いは、「結局最後は捨てられる」というものでした。河内さんは、自分の居場所が見出《みいだ》せない感覚、自分が生まれてきたことの意味を実感することができない空虚《くうきょ》感を抱《かか》えて育つことになりました。

◎「私は何のために生まれてきたのか」

その河内さんが、高校時代、自分を守り、証《あか》す手段として磨《みが》いたのは、弁論《べんろん》という術《すべ》でした。弁論大会では優勝もしました。自分の考えを論理立てて組み立て、言葉を駆使《くし》して相手を説得する。それは、河内さんが、その不遇《ふぐう》な生い立ちゆえに身につけた自衛《じえい》手段でもあったのです。その後、東京の大学に入学し、エネルギッシュに政治活動に参加してゆくのですが、そこでも弁論の力は発揮《はっき》され、多くの尊敬を集めることになりました。

そして、大学を卒業した河内さんは、郷里《きょうり》の銀行に入行し、栄進《えいしん》に次ぐ栄進を遂《と》げて、若くして責任ある立場に就《つ》くことになりました。そうした活躍の背景には、父親が残した業績の数々がいつも肩に重くのしかかっていたからでもあったのです。河内さんは、その重荷を覆《くつがえ》すように生きなければなりませんでした。また、同時に、組合活動にも大変に力を注《そそ》ぎました。労働争議においては、徹底《てってい》的に相手をたたき、勝利を手にしてゆきました。

「強いこと」「大きいこと」「早いこと」――当時の河内さんが人生を勝ち抜いてゆくための信条としていたそれらは、いつも心の奥からつぶやきのように出てくる「結局最後は捨てられる」という恐怖に打ち勝ち、自《みずか》らの居場所を確保《かくほ》するためのものでもあったのです。

そして、未来を嘱望《しょくぼう》される立場にありながら、そこにとどまることなく、周囲の反対を押し切って電子部品を製造する新しい会社を興します。昭和四十年代の高度経済成長期とは言え、独立して一から事業を興し、成功に導くことは容易なことではありませんでした。一時は成功し、注目も集めましたが、やがて業績は下降線を辿《たど》るようになり、「自分は何のために生まれてきたのか」という幼少時よりの人生への疑問はますます深まるばかりでした。様々な宗教の門をたたき、道を求める日々が続きました。

その人生の途上《とじょう》で、河内さんは神理に出会うことになったのです。

とりわけ河内さんに決定的な転換をもたらしたのは、「経営の本質は、経営者の深化にある」「経営者である前に、一人の人間であれ」「会社という現実と経営者の心は一体である」という神理に基づく経営観、人間観でした。

そして、そのまなざしで現実を見つめ直す中で、「経営者として一生懸命やってきたつもりだったが、自分を証し、手応《てごた》えを求めようとするこの自分の心こそが、会社の窮状《きゅうじょう》を生んでいた」と内と外のつながりを発見してゆかれたのです。河内さんは、徹底してご自身の心を見つめるようになり、「何のための経営か」と動機を確かめ、浄化《じょうか》することを第一義に置いた経営へと転換されました。

会社は、徐々に変わってゆきました。何よりも、河内さんご自身が元気になり、会社の中にもエネルギーが循環《じゅんかん》し始め、従業員も明るく前向きに仕事に取り組むようになりました。やがて、大変ユニークな社員教育を施《ほどこ》しているということで、職業訓練校の認定を受けたり、中小企業研究センターの表彰《ひょうしょう》を頂くことにもなりました。工場のラインの生産は上がり、そのノウハウは海外でも採用されるようになりました。

そして、自らの体験を生かして、様々な問題を抱える経営者のお世話にも尽くされていた矢先のALSの発症《はっしょう》だったのです。

◎試練は呼びかけ

東奔西走《とうほんせいそう》され、多くの方に尽くされていた河内さんが、手や足をはじめ、体の自由がきかなくなり、話すことも食べることも、呼吸することさえも困難になってゆく――。それは、どれほど受け入れ難くつらいことだったでしょうか。

これまでの人生で幾多《いくた》の厳しい試練を乗り越えてきた河内さんの内には、どんな試練も乗り越えることができるという自信がありました。しかし、今回の試練を乗り越えてゆくのは、容易なことではありませんでした。最もつらかったのは、呼吸器を付けなければこれ以上生き延びることはできなくなったときでした。呼吸器を付ければ言葉を失うことになります。それは、河内さんにとって、手足を失うこと以上の苦しみでした。河内さんの懊悩《おうのう》は深く、家族すら寄せつけようとしなくなり、自らの殻《から》に閉じこもってゆきました。そして、とうとう食を断とうと決心されたのです。口をつぐんで、水も飲もうとしませんでした。

しかし、やがて奥様の「生きていてくれるだけで有難《ありがた》い。私のためだけにでも生きてほしい」という強い懇願《こんがん》を受け入れ、死を思い止《とど》まることになりました。その河内さんを支えたのは、「試練は呼びかけ」というまなざしでした。たとえ身動きができなくとも、話すことすらできなくなったとしても、それは自らに与えられた条件である。その自分だからこそできることがある――。そのように気持ちを転換されていったとき、同じALSに苦しむ人々の痛みが切実なものとして感じられてきました。そして、そのお一人お一人を励《はげ》まし、生きる希望を与えずにはいられない河内さんへと転換してゆかれたのです。

河内さんは、生い立ちゆえに生じる試練、経営者としての試練、さらには、難病ALSという試練と、幾つもの試練をかいくぐりながら、そのたびに自らの内界に沈潜《ちんせん》し、人生を開く鍵《かぎ》を見出しては超えてゆかれたのです。

◎前世よりのバトン――絶えざる内面の葛藤と格闘し続けた人生から託《たく》されたもの

世界への信頼を求めながら、降りかかる試練に絶望し、そこから再び世界に対する信頼を取り戻してゆく……。何度も何度も行きつ戻りつしながら、葛藤を経《へ》て、スパイラル（螺旋《らせん》）を描くように一歩一歩人生の真実に向かおうと歩まれた河内さんの人生――。河内さんが背負った人生の条件を思うとき、このような人生の転換に導かれた意味と所以《ゆえん》は、決して今世《こんせ》の人生だけに求めることはできません。そこには、河内さんが永遠の生命として抱いた、魂の後悔と願いが深く関わっていたのです。

今から十数年前のことになりますが、河内さんとの対話のさなか、河内さんの魂が、私に前世《ぜんせ》のことを語りかけてきたことがありました。その魂が、今世の人生にどのような悲《ひ》願《がん》を託したのか——前世の切実な後悔とともに、私に伝えてこられたのです。

その魂は、十九世紀にスイスに生を享け、大学教授としての人生を体験していました。その方は、学者としての業績よりもむしろ、三十年以上にわたって人知れず書き綴《つづ》った一七四冊という膨大《ぼうだい》な量の日記が死後発見されたことによって、その名を歴史に記《しる》した方でした。理想や永遠に対する強い憧《あこが》れを抱きながら、自ら自身の現実に絶望し、幻滅《げんめつ》する心。こう生きたいと願うのに、現実には生きられないという理想と現実の狭間《はざま》で揺《ゆ》れ動く心。そこには、人間として生きる上に生じる苦悩や悲しみが、切々と書き綴られていました。

後年、その方を評《ひょう》して次のように語る学者がいました。「大変な才能と芸術的な感性を持っていた。でも何かをする前にしようかしまいか、しないと。それはまるで二階に昇って落ちることを恐れるために、一階で寝そべっているようなものだ」「向こうの岸に行く人を一人二人と見送って、自分は乗らなかった。疑《うたが》って疑って確認して、探究すればいつか誰かが向こうの岸に連れていってくれるのではないかと、思っていたのではないか」と。

まさにそれは、絶えることのない内面の葛藤と正直に向き合い、格闘し続けた人生であったと言えるでしょう。人間の理想をどこまでも純粋に希求《ききゅう》しながら、叶《かな》わぬ現実を前にして一歩も踏み出すことができずに懊悩し、それでも追求せずにはいられない——。その苦悩と葛藤を抱えたまま、その魂は晩年、喉《のど》の病気に罹り、言葉を失ってしまいます。そして無声《むせい》の中で、人生の最期の時を迎えることになったのです。

河内さんは、自分の前世を知った当初、そのことを受け入れ難い想いになりました。なぜなら、もし自分に前世があるのなら、もっと何事かを為した人生であってほしいという願望があったからです。しかし、その学者の日記を読んでみた河内さんは大変驚きました。そこに綴られている内側の想いは、あまりにも自分がこれまで抱いてきた想いと酷似《こくじ》していたのです。とりわけ、様々な葛藤や苦悩のあり方は、まさに自分そのものでした。

河内さんはそのとき、もっと真剣に自分自身と向き合い、本当の道を歩まなければならないと決意を新たにされたのです。

◎魂は深化・成長の悲願を携《たずさ》えて、新たな転生に向けて歩み続ける

生前河内さんが、「眼をつぶったら、眠ってしまったら、誰もいなくなる。そして、私は置いてゆかれるのではないかという不安に駆《か》られることがあります」とおっしゃったことがありました。それは、不遇《ふぐう》な生い立ちゆえの拠《よ》るべのない不安感からもたらされたばかりではなく、魂が前世から携えてきた根源的な不安に依拠《いきょ》するものであったに違いありません。迷い続けながら、何も語れぬままに、誰とも心を通《かよ》わすことができず、暗闇の中で独り人生の最期の時を迎えた前世から携えた後悔であり、それゆえにこそ切実に、たとえどんな試練を引き受けても、知りたかった人生の解答を今世、河内さんは求めたのです。そしてそれは同時に、かつてどうしても抜け出ることのできなかった迷路のような内的葛藤の回路からの解放の道でもありました。

河内さんは、前世の最期と同じように言葉を失い、そればかりか手足も不自由になり、一人では決して身動きができないところまで肉体の機能を奪《うば》われてしまいました。しかし、

それにもかかわらず、自分のためだけの人生ではなく、多くの方を励まし続け、魂を輝《かがや》かせながら最期の時を迎えることができました。そして、この病は二十四時間の看護を要する病でした。枕辺《まくらべ》には、片時も離れることなく、河内さんを励まし続け、献身《けんしん》的に介護《かいご》を続けるご家族やご親族の方、会社の皆さんがいらっしゃいました。人のぬくもりが河内さんを包み、温かなまなざしが見守り続けていたのです。

そして、河内さんは人生の最期に、奇跡《きせき》のように、多くの皆さんとの出会いの時間に恵《めぐ》まれました。私が河内さんの奥さまから、ご主人の心臓が止まってしまったというご連絡を頂いたのは今年の初め、真冬の寒い日の早朝のことでした。私はその少し前に、河内さんの魂より、いよいよ最期の時が近づいてきたことを、言葉を超えたところで受け取っていました。私は、河内さんの魂に本当に必要な時間が与えられるよう、無心に祈りました。

その後、河内さんは救急車で病院に運ばれたのですが、いったん呼吸が停止し、心臓も止まっていた状態から、三十分後再び心臓が動き出し、それから二十八時間、命を長らえることができたのです。その二十八時間の間に、河内さんの危篤《きとく》の知らせを受け取った方々が、次々に病院を訪れることになりました。河内さんが人生を分かち合った数百名の方々が、河内さんと出会うことができたのです。一人ひとりが河内さんとの思い出を語り、励まし、温かい言葉をかけてゆかれました。

「結局最後は捨てられる――」、河内さんが抱えてこられた魂のテーマに、図《はか》らずも答えが与えられた時間でもあったと思います。

そしてさらに、河内さんの魂が肉体を離れ、魂の次元に還《かえ》ってゆかれたとき、そこで亡き母親の魂と巡《めぐ》り会うことができたのです。その姿は亡くなったときのままにまだ若く、矢がすりの着物と袴《はかま》を身に着けていました。その一部始終を私は魂として同伴《どうはん》することになりました。母親の魂は、肉体を離れたばかりの河内さんに語りかけたのです。

「たっちゃん、私はあなたに会いたくて、あなたを生んだのよ。それはあなたが願ったことでもあった。あなたが出会った家族、そして会社の皆さんの一人ひとり、生まれてこなければ会えなかったでしょう。それは、『生まれてきたい』というあなたの強い願いと私の願いがあったから……」

河内さんの魂はこの出会いにどれほど癒《いや》されたことでしょうか。死という最も暗い深淵《しんえん》をくぐり抜けたとき、そこにあったのは一切を呑《の》み込むような虚無《きょむ》の世界ではありませんでした。河内さんを愛し続けた母親の魂が、そして一切を見晴《みは》るかす大いなる存在が、両手を広げて河内さんの魂を抱きとめてくださったのです。

河内さんが人生の最期に伝えた四つの遺言《ゆいごん》があります。まず、神理に出会うことができ、魂が救われたことへの感謝と歓び。これを多くの方に伝えてほしい。二つ目は、神理に癒されることによって、かつてバラバラだった魂と人生と生活の三つが一つに結ばれ、新しい人生を頂いたことへの感謝と歓び。三つ目は、心を合わせて神理実践できる家族を頂いたことへの感謝と歓び。最後は、神理を学ぶことのできる学び舎《や》の建設への願いでした。その一つ一つは過去から引き継いだ志の成就《じょうじゅ》であり、未来にかける希望にほかなりません。

なぜこの人生だったのか、私は何のために生まれてきたのか――魂がこの人生に託した願いを成就し、感謝のうちに旅立った河内さんの魂は、どこまでも続く魂の深化・成長の悲願を携えて、再び新たな転生に向けて歩み続けることでしょう。

＊注　「ＴＬ《トータルライフ》経営の勉強会」――著者・高橋佳子氏が提唱する「魂の学」を基《もとい》とした経営の実践をめざす経営者の集い。

13

魂の光と闇《やみ》——魂願《こんがん》とカルマ

すべての現実にそれを生み出した原因があるように、一人ひとりの人生を導《みちび》いた原因がある。それは、どうしても果たさずにはいられない「魂願」と、何としても超えてゆきたい「カルマ」——。魂はこの光と闇のエネルギーを抱《いだ》いている。

◎人生を導いた原因——魂願とカルマ

自分が生まれてきた理由《わけ》——。それは、自分の外側に探して見つかるものではありません。また、たとえ他人《ひと》から示されたとしても、本当には納得《なっとく》できないでしょう。一人ひとりの人生を導いた本当の「原因」は、一人ひとりの魂の内に秘められていて、自分で見出《みいだ》してゆくしかないのです。それはある意味で厳《きび》しい道行きかもしれませんが、そこに人間の尊厳《そんげん》があると言えます。

人生を導いた「原因」とは、魂の中に混在《こんざい》する「魂願」と「カルマ」という二つのエネルギーにほかなりません。「魂願」とは、その魂がどうしても果たしたいと願っている魂の願いであり、光のエネルギーです。魂の意志、仏性《ぶっしょう》、良心とも呼ばれてきたものです。「カルマ」とは、魂の未熟であり、弱点、闇のエネルギーです。魂願を生きることを阻《はば》む力ということになります。この二つのエネルギーこそが、私たちの人生を導いている自《みず》らの内なる原因なのです。

魂と聞いても、実感が湧《わ》かないという方もあるかもしれません。そこで、思い起こしてみていただきたいのですが、例えば、このような体験をしたことはないでしょうか。

怒ってはいけないと分かっていても、どうしても怒りを止めることができない。踏みとどまらなくてはならないにもかかわらず、はやる心を鎮《しず》めることができない。また、あれほど嫌《いや》だったことなのに、気がついたらその渦中《かちゅう》に飛び込んでしまっていた……等々。

自分の心なのに、思うようにならない。後で振り返ると、自分のコントロールを超えた力のようなものに衝《つ》き動かされていたとしか思いようがないという体験です。きっと誰《だれ》にも心当たりがあるのではないでしょうか。このように、自分が自覚できない深いところで影響をもたらしているものが「魂」という次元であり、そこには魂願とカルマという二つのエネルギーが混在しているのです。

◎魂の中でせめぎ合う二つのエネルギー

今から二千年ほど前、古代ローマの時代にイエスの福音《ふくいん》を宣《の》べ伝えたパウロは、人間が抱《かか》えるこの内なる光と闇の葛藤《かっとう》について、自らの信仰の歩みとともに深め続け、洞察《どうさつ》し続けた方だと思います。

パウロは当初、キリスト教徒を弾圧《だんあつ》する側に立っていたことで知られています。その後、次第《しだい》にイエスの存在が気にかかるようになる中で、「ダマスコの回心《かいしん》」と呼ばれる決定的な体験が訪れ、イエスに対する信仰に目覚めることになります。それまで正統なユダヤ教徒として培《つちか》ってきた優《すぐ》れた学識、語学力——それらは人々の尊敬を集めるに足る立派《りっぱ》なものでしたが、その一切を「塵芥《ちりあくた》のように見なすようになった」と自ら書き記《しる》すほど、その転換ははっきりしたものでした。

その一方で、パウロを導いた内的な転換は、考えられないほどの試練をもたらすことになりました。人々からの尊敬は侮蔑《ぶべつ》へと変わり、度重《たびかさ》なる迫害《はくがい》が襲《おそ》いかかりました。逆に言えば、パウロの信仰はそれを超えて余りあるものであったということでしょう。

パウロは、厳しい迫害にさらされている多くの仲間たちに、次々に手紙を書き送りました。あたかも傍《かたわ》らを同伴《どうはん》するかのように、日常の様々な疑問に応《こた》えて、少しでも皆が力強く生きることができるように支えたのです。そして、同時に自らの弱さ、人間の抱える内的な矛盾《むじゅん》や葛藤を見つめ続けた方でもありました。そのパウロが自ら自身に対してこう言っているのです。

「わたしたちは、律法《りっぽう》が霊的なものであると知っています。しかし、わたしは肉の人であり、罪に売り渡されています。わたしは、自分のしていることが分かりません。自分が望むことは実行せず、かえって憎《にく》んでいることをするからです」（『ローマの信徒への手紙』七・一四〜一五）

「自分が望むことは実行せず、かえって憎んでいることをする」——。本当はこう生きたいと願うのに、そうは生きられない。こうはなりたくないと思っているのに、なぜか、そうなってしまう……。内より湧いてくる抗《あらが》い難《がた》い、意識を超えた力に悩まされ、葛藤を抱えて苦しんだパウロのこの言葉は、時代を超えて、私たちの心にも響《ひび》きます。パウロの中にこうした自らの弱さに対するはっきりとした自覚がなければ、苦しんでいる多くの同志を本当の意味で励《はげ》ますことはできなかったのではないでしょうか。如何《いかん》ともし難い自分の弱さを痛感していたからこそ、パウロの言葉は、弱さ、未熟さを抱える人間でありながら、なお魂の願いに生きようとする人たちにとってのかけがえのない助言になり得たのだと思います。

「魂願」という光と、「カルマ」という闇、この相反《あいはん》する二つのエネルギーのせめぎ合いは、未完の頂《いただき》を歩む人間が抱えざるを得ない霊的な痛みでもあります。良く生きようと思えば思うほど、願いが強ければ強いほど、その痛みは深いものとなります。

そして、この魂願とカルマは、人生を超えるエネルギーの流れによって、生み出されてきたものです。それだけに、強い力をもって私たちの心＝受発色《じゅはっしき》に影響を及ぼしてゆきます。なぜなら、それらは、幾転生《いくてんしょう》もの長い歩みの中で培《つちか》ってきたものだからです。つまり、今の人生のみではなく、それ以前からのエネルギーの流れと蓄積《ちくせき》があって生み出されてきたということです。

◎「カルマ」の現れ

「魂願」と「カルマ」は見えないエネルギーですが、私たちの受発色に投影《とうえい》され、現れてきます。まず、カルマの現れは、次のような体験からも知ることができます。

①何度も同じ失敗を繰《く》り返す

人生を振り返ったとき、何度も同じ失敗を繰り返してきたということはないでしょうか。当初は意欲的に仕事を始めたとしても、やがてなぜか人間関係が捻《ねじ》れ、完遂《かんすい》できなくなる。困難な壁が立ち現れると、どうしても逃げてしまい、失敗する。確かそうな人が現れると、依存してしまい、人任《まか》せになって失敗する、等々。状況が変わり、関わる人が変わっても、同じ失敗を何度も繰り返してきたとすれば、それは、魂の歪《ひず》みや弱点、カルマの現れです。カルマは繰り返しの中に生じるものだからです。

②分かっているのにやめられない

本当はやめた方がいいと頭では分かっていても、やめられないことがあります。タバコやお酒をやめられないのと同じように、受発色の回路がつくられてしまっていて、その轍《わだち》から脱《ぬ》け出すことができないことがあるのです。やさしく接しようと思っていても、つい相手を責めてしまい、乱暴な口をきいてしまう。愚痴《ぐち》をこぼすのはよそうと思っていても、足りないところが目につき、不平不満を漏《も》らしてしまう。自慢《じまん》話はしないようにしようと思っていても、誉《ほ》められるとついしてしまう……。そうした場合もカルマの現れであることが少なくありません。

③どうしても乗り越えられない

あることが苦手で、何とか克服《こくふく》したいと思っても、どうしても乗り越えられないといったことはないでしょうか。例えば、人と関わることが苦手で、人と相対《あいたい》すると震《ふる》えてしまう。人前で話すのが怖《こわ》い。強く人から言われると、自分の思っていることを言えなくなってしまう。時を待つということができず、すぐに動き出してしまう。人からの忠告を素直に受けとめることができない……等々。他の人には簡単なことでも、自分にはどうしても乗り越えられないとすれば、カルマにその原因があるかもしれません。

④逃げていても、同じ巡《めぐ》り合わせになる

できれば避《さ》けたいと思っていることが誰にもあります。それなのに、どういうわけかそのような巡り合わせが訪れるということはないでしょうか。例えば、多くの人を取りまと

めて導くような責任者にはなりたくないと思っている人が、避けても避けてもどういうわけか、そのような役回りが回ってくるというようにです。ある方は、人との関わりの少ない研究者になりたいと思っていたのですが、周りの事情が許さず、経営者になりました。その後も、人のお世話をせざるを得ない事態が次々にやって来て、その要請《ようせい》に懸命《けんめい》に応えて生きてゆくことになったのです。そしてあるとき、それは、人間関係が苦手であるというカルマを超えるためであったことに気づかれました。

⑤自分では気づけないが、他者からは明らかである

カルマには、先に挙げた「繰り返し」と、もう一つ「無自覚」という特徴があります。自分ではなかなか気づけないということです。無自覚だから繰り返し、繰り返すからさらにその轍が深くなるのです。あたかも自動回路のようになっていて、あまりにも自然で、違和感《いわかん》がない。ですから、自分のカルマに気づくためには、人からの切磋琢磨《せっさたくま》を受けることがとても重要になってきます。逆に、他者には大変な違和感として感じられる受発色も、本人は悪気《わるぎ》もなく、気づかないだけであることも少なくはないということです。例えば、何かにつけ拒絶《きょぜつ》的に関わるというカルマを抱いていても、自分が拒絶的な受発色を現していることに気づいていなかったりするのです。他者からは苦虫《にがむし》をかみつぶしたような怖い表情に見えるのですが、自分にとっては自然で他者にどのように映っているか、考えたこともなかったというように、無自覚なのがカルマなのです。

◎「魂願」の現れ

「魂願」はどのように現れるのでしょう。あなたの人生に、次のような体験はなかったでしょうか。

①人生の中で強い感動を体験した

心に深く刻まれ、忘れることのできないような感動を体験したことが、誰にもあることと思います。同じことを体験しても、すべての人が皆同じように感動を覚えるとは限りません。ある人には終生《しゅうせい》忘れ得ぬ思い出となっても、ある人にはほどなく忘れ去られてしまう体験でしかない。とすれば、その強い感動体験は魂の願いと関わっているということです。高い山に登り、満天《まんてん》の星を見たときのこと。友と心が通《かよ》い合ったと感じた瞬間の感動。たゆみない鍛錬《たんれん》の日々を経《へ》て、仲間と力を合わせて勝ち取った勝利の瞬間。生まれたばかりのわが子を胸に抱いたときの感動。病《やまい》から恢復《かいふく》し、生命力の蘇《よみがえ》りを感じたときの感動……。どんなことであっても、心が震《ふる》えるような感動を覚えた瞬間は、魂願と響き合って生まれた瞬間なのです。

②強い後悔が湧き上がった

「もっと大切にしてあげたかった」「どうしてあのとき、気づかなかったのだろう」「取り返しのつかないことをしてしまった」「もう一度出会いが許されるならこう伝えたい」……。慚愧《ざんき》の想いが溢《あふ》れてやまないような強い後悔の念を覚えるとき、そこにも魂願が現れています。願いがあるから後悔を覚えるのです。どうでもいいと思っていたら、後悔は生まれません。大切にしたいものがあるから、それを大切にできないときに後悔が生まれる。それはときに、友情であったり、信頼であったり、絆《きずな》であったりします。その大切にできなかったもの、失ったことを後悔したもの、それはその人の魂願と深く結びついていることが多いのです。

③どうしても捨てられない願いがある

忘れようとしても、どうしても忘れられない願い。捨て去ろうとしても、あきらめようとしても、蘇ってきてしまう願い——。人生の中で抱く願いはたくさんあっても、多くは時が経《た》つにつれて忘れてしまったり、色あせていったりするものが少なくありません。それなのに、年月が経っても、色あせることなく、むしろますます強くなる願いがあるとしたら、それは魂願の現れであると言えます。

④適当には見過ごせない強いこだわりがある

あることに対してはなぜか適当には見過ごすことができず、こだわりを抱いてしまうということがあります。執着でもなく、恨みや憎しみといった他を責めたくなるような執《とら》われでもない。ないがしろにできない、放っておけないこと。それは、人によって様々でしょう。差別の痛みを見過ごせない人もあるでしょう。正義が守られないことに対して、そのままにしておけない場合もあります。美ということをどうしても追求せずにはいられない人もあるでしょう。あることになぜか心が惹かれ、追求せずにはいられないとすれば、そこにも魂願のかけらが潜《ひそ》んでいる可能性があるのです。

⑤自分の意図《いと》とは別に人生が開かれてゆく

自分では、どうしてもそのポジションに立ちたいと思っているわけではないのに、周囲

カルマの現れ

- 何度も同じ失敗を繰り返す
- 分かっているのにやめられない
- どうしても乗り越えられない
- 逃げていても、同じ巡り合わせになる
- 自分では気づけないが、他者からは明らかである

魂願の現れ

- 人生の中で強い感動を体験した
- 強い後悔が湧き上がった
- どうしても捨てられない願いがある
- 適当には見過ごせない強いこだわりがある
- 自分の意図とは別に人生が開かれてゆく

から要請されて、はたらきに就《つ》くことになり、重要な仕事をすることになった。さほど関心がなかった分野だったが、人に勧《すす》められて関わるようになって、実は自分が求めていたものがそこにあったことに気づいた。偶然のような巡り合わせで出会ったその人と、やがて共同して大きな業績を残すことになった……。自分で意図したわけではなく、見えない力に導かれているとしか思いようのない形で、人生が開かれてゆくことがあります。こうした場合にも、自分では気づいていない魂願が現れていることがあるのです。

以上のような体験をされたことはないでしょうか。もしあるとしたなら、そこにあなたの魂願につながるテーマが隠《かく》されているはずです。私たちの「今」に深い影響を与える「魂願」と「カルマ」——。私たちは、その魂願を成就《じょうじゅ》し、カルマを超克《ちょうこく》することを願って人生を歩んでいるのです。その想いを持って、改めて日々の生活を見つめ直してみてはいかがでしょうか。きっとあなたの人生そのものを導こうとする大切なテーマが、日々の出来事からも透《す》けて見えてくるに違いありません。

14 魂の因果律《いんがりつ》

人生には、物質の因果だけでは絶対に解けないことがある。それを解くのが「魂の因果律」。私たちの魂と心と現実は常に原因と結果として結びつき、互いを映し合っている。魂と心と現実のつながりが示そうとしているもの——。それは一人ひとりの本当の物語である。

◎「魂の因果律」が解き明かす——なぜ私は生まれてきたのか

私たちの現実のすべてを貫《つらぬ》いているのが因果律——原因と結果の法則であることはすでに読者の皆さんも納得《なっとく》されていることでしょう。どんな事象《じしょう》や現実も、それらは結果として生じているもので、それを生じさせている原因がある——。至極《しごく》当然の理《ことわり》です。

けれども、どんなに知識を得ても分からない理由があります。

とても簡単には受けとめられないような病《やまい》や事故、喪失《そうしつ》や挫折《ざせつ》の体験をしたとき、私たちはその理由を知りたいと思います。しかし、その理由とは、単に病の病理的な原因やメカニズムではなく、なぜ、自分が（大切なこの人が）今この試練なのか、なぜ、この病に罹《かか》らなければならなかったのかという理由です。なぜ、こんな出来事が訪れなければならなかったのか、なぜ、こんな挫折が自分を襲《おそ》わなければならなかったのかという必然の理由を知りたいと思うのではないでしょうか。

もっと広げて考えるなら、それは人生そのものに向けられる問いかけになるでしょう。私はなぜ、生まれてきたのか。なぜ、今ここに存在し、生きているのか。なぜ、私はこの現実に向かい合っているのか——。

それは、どんなに科学的に追求しても答えが出ない問いです。自《みずか》らに問わずにはいられなくても、「意味」の問いにはそれでは答えることができません。その問いが物質の因果律だけでは絶対に解けない「人生の問題」や「魂の問題」だからです。

けれども、誰《だれ》もが心の底で知りたいと願っているその「人生の問題」や「魂の問題」を解き明かす因果律があります。私は、それを魂の因果の法則＝「魂の因果律」と呼ぶことにしたいと思うのです。

「人間が永遠の生命である」ことを知ることによって、私たちはこの「魂の因果律」を手にすることができます。私たちは魂存在であり、遙《はる》かな時をかけ、深い後悔を願いに変えて、人生に挑《いど》んでいる存在です。魂願《こんがん》とカルマを内に秘めながら、人生の「三つの『ち』」（血地知《ちちち》）（一一六頁参照）と出会ってそれを引き出しながら、誰もが人生の目的と使命を果たそうとしている……。この人生観・世界観によって紐解《ひもと》かれる因果の法則――それが「魂の因果律」なのです。

◎「魂の因果律」を示す二つの因果

私たちが目の前にしている現実――。それは、私たちの心の反映であることはすでに確かめてきました。つまり、心＝受発色《じゅはっしき》が生み出した結果であるわけです。けれども、その心＝受発色の由来は、私たちの魂にあります。魂として抱《いだ》いてきた魂願とカルマが、人生の条件である「三つの『ち』」と出会って引き出されたもの、宿命の結晶でもあるわけです。すなわち、心＝受発色とは、魂願とカルマを原因として生まれた結果であるということです。

ですから、目の前の現実は、心の反映であると同時に、さらにその深くに眠る魂願・カルマの反映でもあるということなのです。私たちは自らの現実に深く向き合うことを通じて、自分の心を知り、人生のテーマ、魂のテーマを知ることができる。そして、自らの心を変革することを通じて、現実を変えることができると同時に、魂が抱いてきた魂願を果たし、カルマを超克《ちょうこく》することができる――。

私たちが生きている現在の時間は、そのように未来と過去に深くつながっています。私たちは常に受発色を通じて、外からは見えない人生のテーマ、魂のテーマに取り組んでいるのです。

それが「魂の因果律」というものです。ここに描いた輪郭《りんかく》は、すでに本書の中で取り上げてきた幾《いく》つかの法則を集約《しゅうやく》したものと言えます。その全体像を表したものが、次頁の図になります。

人型《ひとがた》が示すのは、私たち自身です。「魂の因果律」は、この私たち自身に関わる二つの因果によって示されます。魂と心＝受発色と現実の間にある二つの因果関係――。魂が抱く魂願とカルマは人生の条件と出会って、心＝受発色という結果を導《みちび》き、さらに、心＝受発色は外的な条件と結びついて、目の前にある現実という結果を現しているのです。第一の

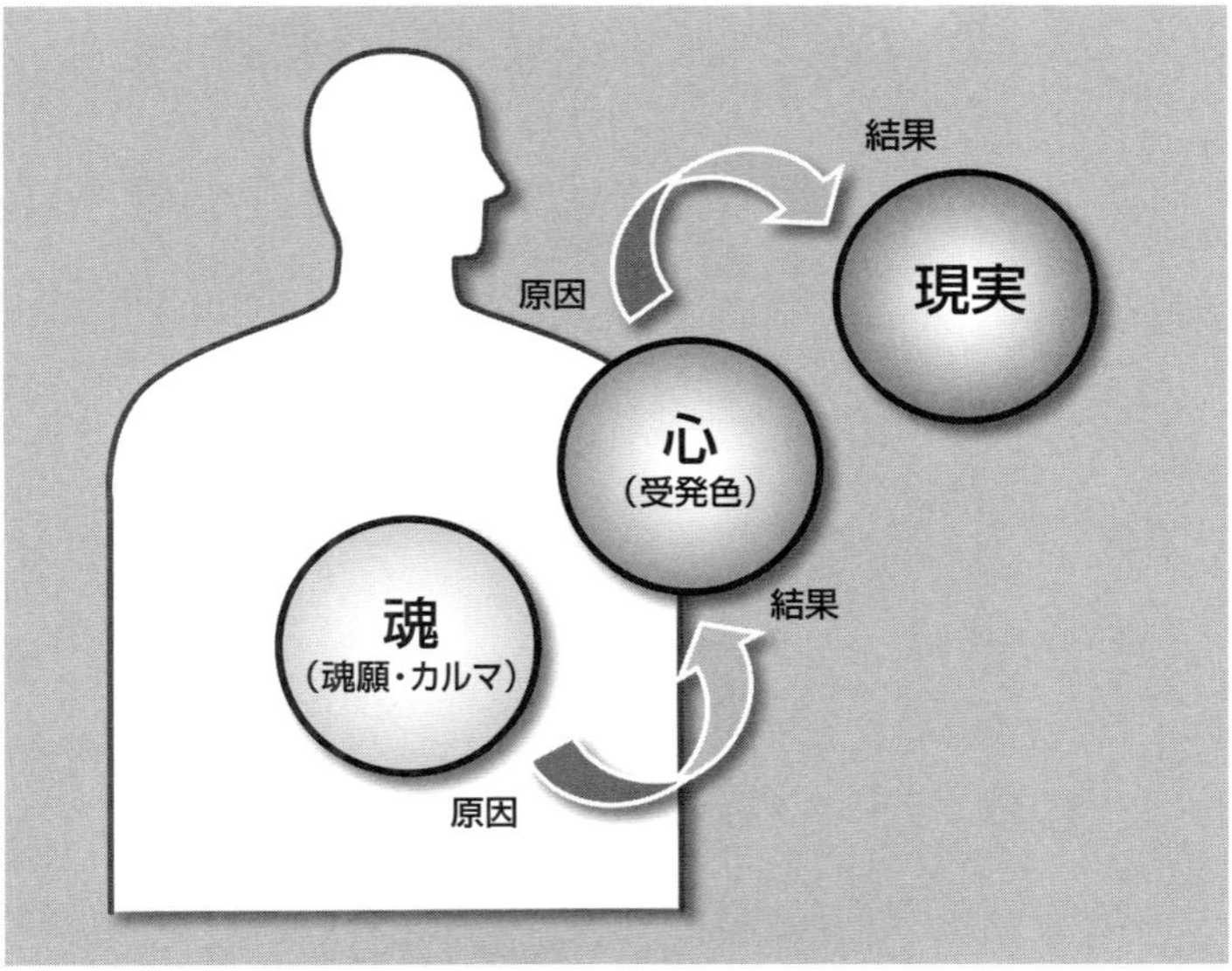

魂の因果律

因果は受発色を原因とし、現実を結果とする内と外を結ぶ因果。第二の因果は魂願・カルマを原因とし、受発色を結果とする魂と心を結ぶ因果。現実と心と魂が常に結びついているのが私たちの人生なのです。

◎人は遙かな過去に応えることができる

この七月に、仙台で開催されたＴＬ《トータルライフ》人間学講座*注1に赴《おもむ》いた折に、その場を支えてくださっているお一人で、宮城にある寺院の四代目の住職《じゅうしょく》をされている阿部秀光さん（五十代・仮名）とお会いしました。阿部さんは、長年私たちと一緒に、魂の道を学んでこられた方ですが、最近、その想いが強まって、一層熱心に求道《ぐどう》の歩みを進めていらっしゃいます。そして、その歩みと呼応《こおう》するように、念願であった本堂の改修《かいしゅう》のめどが立ったことをご報告くださいました。私も阿部さんに新たな人生の大きな節目《ふしめ》が訪れていることを感じ、お話しさせていただくことにしたのです。

相対《あいたい》すると、阿部さんのお気持ちが本当に深まっていることを感じました。お声をかけると、阿部さんの内側から神理に対する深い感謝の想いが溢《あふ》れてやまない様子でした。学んできたことに対して自分は捉《とら》え違いをしていた。かつて自分は釈迦《しゃか》とイエスの教えの延長線上にあるのが神理だと思っていたけれど、それはまったく違った。それらの源にあって、本当の意味で今生きることができるものが神理だったと深く頭《こうべ》を垂《た》れる阿部さんがいらっしゃいました。

そして、かつて自分の父親が「檀家《だんか》じゃない、ダニ家《か》だ」と悪口を絶やさず、仏門にあるのに父親の代では、どうしてもうまくゆかなかった檀家との険悪な関係が嘘《うそ》のように光転し、檀家さんたちがチームをつくり、積極的に財的なことも含《ふく》め考えてくださって本堂の改修が現実化したことを、歓びとともにご報告くださいました。

阿部さん自身の心境の深まりと、それを映した光転の現実。私は、それが決して現在だけに関わるものではなく、遙かな過去と未来につながる意味を持っていることを感じ、その一つとして、阿部さんのお寺の元々に託《たく》された悲願に関わることをお話ししました。それはそのとき、お寺の初代の住職、四代前の先祖の方の魂が私に想いを伝えてこられたからです。その魂はこう伝えてきました。自分は武士ではなく農民だったが、力が強かったため、帯刀《たいとう》を許されて戦《いくさ》に加わった。けれども、何人もの命を奪《うば》ってしまったことで、その後本当に苦しんだ。斬《き》り捨てた人たちの魂が毎夜枕元に立ったためにうなされ、そのことを悔《く》いて、寺を建立《こんりゅう》することを決心した。そして、今後三代はその魂の菩提《ぼだい》を弔《とむら》うように遺言《ゆいごん》した。そして、何よりも子孫である阿部さんが檀家さんたちとよい関わりが持ててよかった、本当の道を学び生きることができて本当によかったと言われました。

阿部さんは、私の言葉を聞いて、「初代の住職の話は少し聞いていましたが、そんなに苦しんでいたとは知りませんでした。それに自分は四代目、だから遺言はもう関係がないと思っていた。そうではなかったんですね」とうなずかれました。

人々を殺《あや》めた外なる刃《やいば》を手放した初代、しかし父親の心を支配したままだった荒々しい苦《く》・暴流《ぼうりゅう》の刃——。父親の代ではどうにもならなかった檀家さんとの関わりがどうして光転したのか、阿部さんは何か特別な出来事があったわけではないと言われます。本堂の改修のことを進めるとき、これまで神理を学び修める中で鍛錬《たんれん》してきたGLA*注2でのプロジェクトの進め方に自然に倣《なら》って行っただけ。檀家の皆さんの自主性を尊重してチームで取り組んでいただいた、それが大きかったと阿部さんは思われています。

しかし、そのプロジェクト活動の中で身につけてきた生き方——めざすべき願いを描き、それを成就《じょうじゅ》するために自らの受発色を変えて整え、他の方たちと協調する——がそれだけでいかに大きな意味のある深化《しんか》でしょうか。

皆が大切にしているものを守るには皆の力が必要。かつて、自分の「優位」を手放さなかった父親が決してつくれなかった檀家さんたちとの関わりを、阿部さんは「自分が」という意識ではなく、皆を支える「縁《えん》」に徹《てっ》して生み出したのです。その自然な行為は、初代の住職以来、願いながら果たせなかったテーマだったと思えます。「現在」を生きることは、代々継《つ》がれてきた願い、自らの遙かなる願いを生きることである——。そのことを現す魂の歩みでした。そして、そのような境地と智慧《ちえ》を摑《つか》んだ阿部さんには、新たに向かい合うべき未来が訪れているのです。

◎魂とつながる心を抱くとき現実は一変する

私たちの心が、魂の次元とつながるとき、一体何が起こるのか。それを教えてくれた多くの出会いがありましたが、その一つをお話ししましょう。

私が中島哲司《てつじ》さん（六十代・仮名）と出会ったのは、今から十五年くらい前のことでした。すでに人生と魂のことを学び始めていた奥さまが熱心に勧《すす》めたこともあって、私の講演会にお越しくださったのです。

お会いしてすぐに、私は中島さんの中に癒《いや》されることを待っている強い想いがあることを感じました。人生の中で味わってきた如何《いかん》ともし難《がた》い寂《さび》しさや切なさが、沁《し》みるように伝わってきたのです。それは、中島さんが生い立ちの中で味わってきたものでした。

モザイク作家として立派な作品をつくられているお仕事のことを少し伺《うかが》った後で、私はそのことを切り出しました。

中島さんは信州の生まれで、生後三カ月のときに父親が出征《しゅっせい》し、戦死してしまったため、父親の記憶がありません。父親は自分を置いていった、「父はいない」とずっと思ってきました。そして、父親が亡くなったことで、中島さんは祖父母に預けられてそこで育てられたのです。しかし、試練は続きました。しばらくして祖父の仕事がうまくゆかなくなり、一家は少し奥にあった村に移り住むことになったのですが、当時村は閉鎖《へいさ》的でよそ者に対しては厳《きび》しく、冷ややかなまなざしの中で窮屈《きゅうくつ》な生活を余儀《よぎ》なくされたのです。しかも中島さんが九歳のとき、祖父が結核《けっかく》に罹《かか》って倒れてしまい、何とか助かってほしいとの願いも空《むな》しく、亡くなってしまったのです。当時の結核は死の病。村人たちから恐れられ、誰も寄りつかず、結局通夜《つや》は中島さんと祖母の二人きりでした。

当然、大黒柱を失った二人の生活は行きづまり、生活保護を受けてやっとの生活でしたが、何と今度は祖母も病に倒れ、後を追うように亡くなってしまったのです。そのことをお医者さまから伝えられたとき、幼い中島さんは、どう受けとめたらよいのか分かりませんでした。「死んじゃ嫌《いや》だ。おばあちゃんが逝《い》っちゃったら、僕は独《ひと》りぼっちになってしまう」。そう思う気持ちと、底なしの闇《やみ》を覗《のぞ》き込むように「人間は死んだらどうなるんだろう」という気持ちが交錯《こうさく》しました。

かけがえのない家族だった祖父と祖母。その二人が見えない世界に引っ張られていってしまった。自分に温《あたた》かいものを与えてくれた人々をすべて持っていってしまった。その世界の恐ろしさ――。二人を失って、中島さんは、「見えない世界はない」と心に固く思ったのです。皆見える世界でしか生きていないし、思いやりだって思ったことだって、亡くなってしまえば消え去って持っていかれてしまう。

私は、その幼い心に刻まれた強い想いが今日に至るまでの中島さんの心を縛《しば》ってきたことを思いました。中島さんは少しでも前向きに生きるために、過酷《かこく》な運命を封印《ふういん》しなければなりませんでした。かけがえのない肉親の二人を奪った見えない世界を「ない」ものとして否定し、そのように生きてきたのです。

そのことを証明するように、中島さんのそれまでの作品は素晴らしいものでしたが、どれもどこか即物的な印象を残すものでした。目に見えるもの、形のあるものしか、存在しない。たとえ魂の中に何かを感じても、中島さんはそれを封じてきました。

そう生きてきた中島さんとお会いしたことの必然を、私は感じていました。その出会いの中で、中島さんを見えない世界から見守っている存在があることを伝えなければならないと思いました。何よりも中島さんの実の祖父の魂がそのことを伝えてほしいと、私に語りかけてきたのです。

そして、かつて住んでいた頃の風景を祖父の魂が伝えるままに、中島さんにお話ししました。中島さんは封印していた記憶を紐解くように、目を細めて思い出しながら、うなずかれていました。話が水車のある「ながしまの駅」の様子に及んだとき、中島さんは大きく目を見開いてハッとされました。その駅の名前は中島さんと祖父の間だけで交《か》わされていた、地図にはない名前だったからです。

　私を通じて、祖父の魂は中島さんに直接語りかけました。懐《なつ》かしい日々、つつましくも幸せだった生活。鯉《こい》の泥《どろ》を吐かせ、鯉こくをつくって食べさせたこと……。それはもうおじいさん以外には考えられないものでした。そして中島さんの心に最初の孤独を刻んだ父親のことを伝えてきたのです。「哲、お父さんは、お前を見守っていたよ。哲のことを誰よりも案じていたんだ」。中島さんは驚きました。

　「ない」と思っていた世界があった。消えてしまったと思っていた絆《きずな》は、ずっとあり続けていた。人間の魂の次元は、なかったのではない、広大な次元として存在していたのだ。人は必死になって生きて死んで終わりではないんだ。誰にも知られずに終わってゆく存在ではない……。そして固く閉じられていた堅固《けんご》な扉《とびら》が砕《くだ》かれて、それまで閉じ込めていた世界が中島さんの前に開かれたのです。

　その出会い以来、中島さんは、魂の道を学び、歩んでこられました。見えない世界を封印し、世界を信じ切れない想いをずっと抱《かか》えてこられた中島さんは、今では、かつて失った、少年の無垢《むく》なまでの純真《じゅんしん》さを取り戻されたかのように明るくユーモア豊かに、仲間と関わっていらっしゃいます。そして、魂の世界の存在を前提として、ご自身の制作活動を進めています。

今、中島さんの作品群を振り返ると、その時期を境《さかい》に作風が大きく変貌《へんぼう》していることが分かります。かつて虫や植物など具象的なテーマを即物的に表現していたその作品は、現れているものの背景にその関心を移したかのようです。宇宙の流れ、自然を支えるエネルギー、地水火風空《ちすいかふうくう》のすべてをつなぐ力……。スケールは宇宙大に広がり、天工《てんこう》と人工《じんこう》を融合するテーマを表すものになりました。その作風の変化は、同じ作品をつくる仲間から驚きをもって迎えられているそうです。

中島さんの心の変化は、魂とのつながりが決定的な意味を持ち、その心の変化が中島さんの芸術家としての作品を大きく変えました。いいえ、作品ばかりではありません。中島さんの生きる現実は作品以上に大きく変化しているのではないでしょうか。形のある世界しかなかった中島さんが、形のない世界、見えない世界の存在を実感されるばかりか、その二つの世界が固い絆で結ばれていることを確信されています。中島さんにとって世界とは、もう非情でも苛酷でも冷たいものでもなく、温かく信頼できるものとして輝《かがや》いているのです。

それは、魂と心と現実の因果律が顕《あら》わになった一つの物語――人間の魂と心と現実は、いつでも、分かち難く結びつき、互いを反映し合って、本当の物語を現そうとしているのです。

＊注1　「TL人間学講座」――高橋佳子氏の著書を読まれた愛読者からの要望に応えて開催されている氏の講演会。「人間は魂存在である」というまなざしを基に、魂・人生・生活をトータルに結んで生きる神理（TL人間学）を学ぶことができる。一九九二年より開講され、現在、延べ三十六万人が受講。

＊注2　「GLA」――GLAとは、神（God）の光（Light）をこの地上に顕現《けんげん》する集い（Association）の意。主婦やサラリーマン、学生から、経営者、医療者、教育者など、様々な職業や年齢の人々が、日々生きる現実の中で心（受発色）を鍛錬し、魂の願いを現実に現して生きる智慧を学び、実践している。

15 転《てん》生《しょう》の四つのテーマ

人生という結果を導《みちび》いた原因は魂の中にある魂願とカルマ——。その光と闇《やみ》の力は一人ひとりの「転生の四つのテーマ」を形づくっている。人は誰《だれ》もが果たすべきテーマを抱《いだ》いて人生を生きている。

◎様々な出来事は、「転生の四つのテーマ」と響《ひび》き合うように現れてくる

誰もが人生において果たすべきテーマ——その魂だけに与えられたオーダーメイドのテーマがあります。その個性豊かな人生のテーマには、どの人生であっても共通している点があります。それが次の「転生の四つのテーマ」です。それぞれの「魂願《こんがん》」「カルマ」は違っても、この四つのテーマは共通し、それらを追求してゆく中で、私たちは魂を成長させ、新しい調和をこの世界に創造してゆくという共通の目的を実現しようとしているのです。

○「魂の修復《しゅうふく》と成長」……魂の歪《ひず》みを修復し、成長を果たすこと。
○「関わりの再結《さいけつ》」……過去世《かこせ》において逆縁《ぎゃくえん》となってしまった関係を結び直すこと。
○「志《こころざし》半ば《なか》の願いの成就《じょうじゅ》」……過去世において志半ばで終わってしまった願いを果たすこと。
○「人々や場の照らし」……過去世において獲得《かくとく》してきた魂の力をもって、周囲の人々や場を照らすこと。

①魂の修復と成長

私たちは永遠の道を多くの未熟を抱《かか》えながら未完の頂《いただき》をめざして歩んでいる、いわば「発展途上《はってんとじょう》」の存在です。誰もが成長の余白《よはく》を持ち、修復したい歪みや不足しているところを抱えています。エネルギーはあるけれど、猪突猛進《ちょとつもうしん》で失敗が多いという人もあり、社会的には立派《りっぱ》な仕事をしているのに、家庭では心が開けず家族がバラバラという人もある……。それぞれが異なる未熟を抱えているのです。

私たちはこうした魂の歪みや未熟を修復し、そのキャパシティ（受容力《じゅようりょく》）を広げ、豊かに育み成長してゆきたいと願っています。

転生の四つのテーマ

- 魂の修復と成長
- 関わりの再結
- 志半ばの願いの成就
- 人々や場の照らし

②関わりの再結

人生を共にする伴侶《はんりょ》、一緒に仕事をしている同僚、また関係が捻《ねじ》れてしまった上司や部下……。普段出会う一人ひとりは、偶然出会っているのではないということです。「袖《そで》すり合うも他生《たしょう》の縁」という言葉の通り、こうした方々は、かつての人生で出会った恩人《おんじん》かもしれません。意見が衝突《しょうとつ》し、袂《たもと》を分かってしまったその人なのかもしれないのです。

「もし、あのときに戻ることができさえすれば……」というような後悔は、誰しも人生の中で体験することですが、それが幾度《いくど》も重ねてきた転生の中で抱いた気持ちであればどうでしょうか。「今一度、あの方とお会いしたい。そして、あのときの御恩《ごおん》にお応《こた》えしたい」「かつてはお互いに恨《うら》みから自由になることができなかった。今度は新しい関係で出会い、新たな絆《きずな》を結びたい」。そう願うことでしょう。それぞれがこうした悔《く》いを抱きながら、今巡《めぐ》り会っているのです。

③志半ばの願いの成就

私たちは、様々に願いを抱きます。何かをこの世界に生み出したいという方、何かを発見したいという方、また病《やまい》や様々な苦しみの中にある人々を支えて助けたいという方もあります。しかし、人生には限られた時間しか与えられていません。ここまで達成できたが、後は断念《だんねん》しなければならなかったということが必ず出てきます。それは、これまでの半生を振り返っても明らかでしょう。ましてや幾転生もの中で果たせなかった願いだとしたら、どうでしょうか。何としてもやり遂《と》げたいと願うのではないでしょうか。苦労してやっと事業を興《おこ》したところで、事故に巻き込まれて命を落としてしまった人生もあるでしょう。心に温《あたた》めていた構想がありながら、未完成のまま病に倒れてしまった人生もあるに違いありません。

こうした志半ばのエネルギーは、次の人生へと持ち越されてゆくことになるのです。ですから、今、自分に訪れている出来事や事態は、かつての人生で持ち続けてきた願いを思い出し、成し遂げるために現れているかもしれないということなのです。

④人々や場の照らし

個性の違う魂同士が互いに生活し、仕事をして生きているのがこの世界です。それだけに、この世界に生まれることによって、私たちは多様な魂との出会いに恵《めぐ》まれます。個性の違う魂同士が出会い、心を通《かよ》わせ、互いの痛みを癒《いや》し、歓びを与え合うことができます。

そして、自《みずか》らが関わる家庭や会社、業界や様々な場にはたらきかけることもできます。誰もが自分以外の人や場、社会・世界に貢献《こうけん》したい——そのような願いを抱いて、この世界に生まれてくるのです。発明や発見によって社会に寄与《きよ》できる人もいます。美しい芸術を表現し、人々の心を癒すことができる人もいます。人々や場の縁《えん》となり、支えるという貢献を果たす人もいるでしょう。一人ひとりの内なる可能性を開くことによって、人々や場を照らすことを魂は願っているのです。

このように、人生の節目《ふしめ》をつくってきた出会いや様々な出来事は、魂の内深くに存在するこの「四つのテーマ」と響き合うようにして現れてきているのです。

◎「後悔ゆえに引き寄せた人生だった」

ここで、長年、総合病院で看護師として勤《つと》めてこられた神崎《かんざき》久美子さん（五十代・仮名）が、自らの転生のテーマに目覚めてゆかれた歩みの一端《いったん》を共に辿《たど》りたいと思います。

神崎さんは、自ら明確な意志をもって、望んでこの仕事に就《つ》いたというより、まるで人生そのものに運ばれ、導かれるようにして看護師として歩んでこられました。現在は、看護師長として医療現場の責任ある立場を任《まか》されています。しかし、人生の道を歩む途上でどういうわけか、ご自身の人生に対していわく言い難《がた》い疑問を覚えるようになってゆかれたのでした。

「私の人生は本当にこれでよいのだろうか――」

次第《しだい》に頭をもたげてゆく疼《うず》きのような問い……。神崎さんは、その解答を得ようと、様々な本を読まれたそうです。そして、こうした疑問追求の歩みの中で、私と出会うことになりました。

神崎さんが魂の道を歩む道行きに大きな転換が訪れたのは、GLA（一七九頁参照）の研修会での私の講演の最中でのことでした。講演の終盤、参加者の方々を、「魂の所以《ゆえん》を遡《さかのぼ》る瞑想《めいそう》」へと誘《いざな》う機会を持ちました。一人ひとりが内界に深く沈潜《ちんせん》し、自身の魂の所以を感じてゆくための瞑想でした。その場で神崎さんの内に変化が起こり始めたのです。胸の奥から衝《つ》き上げてくるものがあり、涙が止まらなくなったのです。そして、魂には、あるヴィジョンが映し出されてきました。

川の流れに押し流されてゆくたくさんの人々……。

「助けたいのに、助けられなかった」

まるで手を伸《の》ばせばその手を摑《つか》むことができるのではないかと思うほどリアルに、人々が流されてゆくのが見えるのです。この人生では経験したことのない情景が、そこには広がっていました。胸が張り裂《さ》けそうに悲しく、つらく、身もだえするような想いが溢《あふ》れました。そのとき、神崎さんの魂に亀裂《きれつ》が入ったのです。

「ああ、そうだった……」

すでに手遅れの状態で担《かつ》ぎ込まれてくる患者さん、末期の癌《がん》で余命《よめい》幾ばくもない患者さん、到底《とうてい》手に負えない厳《きび》しい状況であることが発覚し、絶望する患者さん……。病院で日々直面している現実と、瞑想の中で広がったヴィジョンとが、神崎さんの中で一つに重なりました。

なぜ私は、命の瀬戸際《せとぎわ》にある方々のお世話をしているのだろう……。なぜ私は、看護師になったのだろう……。なぜこれほど痛みが多い場所に来てしまったのだろう……。なぜ……。その頃、抱いていた疑問が、その瞬間に氷解《ひょうかい》していったのです。

「ああ、私には強い後悔があった。その後悔ゆえに引き寄せたこの人生だった――」。言葉にはならない想いが、胸から溢れてやみませんでした。

そのときから、医療現場における神崎さんの受発色《じゅはっしき》が、大きく転換していったのです。

◎転生のテーマと仕事がつながるとき

ある卵巣癌《らんそう》の患者Aさんとの出会いがありました。その方は、十五年前にも一度同じ病気で入院された患者さんで、再発したために来院《らいいん》されたのです。病状はひどく、骨盤《こつばん》の骨が溶《と》けてしまっており、ほんの少し体を動かすことも痛くてできないほどでした。

Aさんは、あまりの痛みのために眠ることもできず、イライラして、看護師さんたちが近づくことすら拒絶《きょぜつ》されるようなありさまでした。

最初、神崎さんは、何とかしてあげたくても、どうにもならない苛立《いらだ》ちと、Aさんのあまりの拒絶的な態度に、思わず、「どうしてこんなになるまで放っておいたの」と責める想いが湧《わ》いてきたと言われます。

しかし、自らの心を見つめる中で、そうした想いとともに、「私ならこの事態を何とかできる」という傲慢《ごうまん》な想いも内側で動いていることに気づき、その想いを転換してゆかれたのです。

神崎さんは何よりもまず、Aさんの気持ちを聞かせていただくことにしました。すると、Aさんは少しずつ、ご自身の気持ちを語ってくれるようになりました。

「私、死ぬの？」

ポツリと語られたその一言に、胸が抉《えぐ》られました。あまりに深い痛みの現実を前にして、どうしたらこの方を癒すことができるのだろうかと神崎さんは呻吟《しんぎん》されました。そして、「何とか、この方の苦しみ、痛みを受けとめてさしあげたい――」、そう思われたのです。

神崎さんの心の変化とともに、一緒に働く看護師さんたちの協力も得られ、Aさんの痛みを少しは和《やわ》らげることができるようになったものの、病状は悪化の一途《いっと》を辿ってゆきました。

神崎さんは覚悟《かくご》を決めます。「この方に『大いなる存在』を感じていただく縁になれないだろうか。もうそれしかない……」。そう思われたのです。

小著『祈りのみち』の「病苦を受けとめるために」（二七〇頁）を祈り、Aさんの目を真っすぐに見つめ、人間が永遠の生命であることを、心を込めて伝えました。すると、それまで「一人で頑張《がんば》らなければ」という想いが強く、なかなか心を開こうとされなかったAさんが、涙を流され、何とも言えない表情で「ありがとう」と一言おっしゃったのです。

そのときから、Aさんは大きく変わってゆきました。拒絶的な態度は消え、人に対して融和《ゆうわ》的になり、人との出会いや訪問を心待ちにされるようにすらなったのです。まったく新しい人格がAさんの中から現れたかのような変化に、周囲も驚きました。

さらに、不思議なことに、肉体的な痛みにおいても変化が起こりました。あれほど痛がって苦しんでいたAさんが、痛みを訴《うった》えることがなくなったのです。霊的な癒しが、肉体的な痛みをも癒したのではないかと思われるような現象《げんしょう》でした。そして、心安らかな最後の日々が続き、眠るように静かに人生を終えてゆかれたのです。

初七日《しょなのか》には娘さんが病院に訪ねてこられ、感謝の言葉とともに、「私が子どもを産むときには、ぜひここで産みたい」とまで言われたそうです。その言葉は神崎さんにとって、無上《むじょう》の歓びでした。

「助けたいのに、助けられなかった――」。遙《はる》かな深い後悔、志半ばの願いを生き直す機会が、このような形で訪れたのです。

それは、神崎さんが自らの魂の歪みを修復してゆく歩みとも一つでした。かつてなら、持つことのできなかった包容力や受容力が、患者さんとの出会いの中で育まれていったのです。

神崎さんは今、人生に与えられるすべての出会いが、実は自らの魂と深く結びついていることを実感しつつ、看護の仕事に尽《つ》くされています。傷つき、病んだ方々の心身を癒す同伴者として生きたい――。その魂の願いは、周囲を照らす光となっているのです。

魂の奥に眠る転生のテーマ――。それは、どんなに忘れようとしても忘れることはできないものです。自分が自分になった存在の所以だからです。その所以と自らの日々の営《いとな》みが一つにつながるときにこそ、魂は歓びを感じ、心が深くうなずくのです。

16 宿命は使命に転じることができる

宿命を背負わない人生はない。しかし、宿命とは決定的なものではなく、魂にとっての人生の条件である。そして、自《みずか》らの背負った宿命の中にこそ、一人ひとりが果たすべき使命への道が隠《かく》されている。

◎「宿命の洞窟《どうくつ》」に呪縛《じゅばく》される人生

生まれたときからそこにあったものを、人は疑《うたが》うことができるでしょうか。それは困難なことでしょう。「三つの『ち』」（一一六頁参照）のことを想い起こしていただきたいと思います。この世界に投げ出されるようにして生まれてきた無力な赤子は、過去から流れてきた怒濤《どとう》のような三つの川の流れに身を染《そ》めて生き始めます。魂は魂願《こんがん》とカルマを抱《いだ》いて、その成就《じょうじゅ》と克服《こくふく》のために人生という修行所《しゅぎょうじょ》にダイビングしてくるわけですが、誕生に際して、一切の智慧《ちえ》を忘却《ぼうきゃく》し、生まれたときにそこにあったものを無条件に受け入れ、それらを前提として生きるしかないのです。

両親、地域、時代から流れ込むものの見方や考え方、価値観や善悪観などの一切を疑うことなく、当然のこと、真実として受けとめ、生き始める人間——。それはいわば、暗い洞窟に閉じ込められているに等しい状況であることから、私は「宿命の洞窟」と呼んできました。その人に流れ込む三つの「ち」がつくり出すこの宿命の洞窟に呪縛されるところから、誰《だれ》もが人生を始めなければならない——それが避《さ》けられない人生の定《さだめ》なのです。

例えば、幼い頃より「お前は駄目《だめ》な子」と両親から幾度《いくど》も言い聞かされれば、「自分は駄目だ」と思い込むでしょう。逆に「お前は特別な子」と言われ続けて育てば、何ら根拠《こんきょ》がなくても自信を持つことになり、「自分は特別な人間だ」と思い込みます。

「金がないのは首がないのと同じ」「本音を言い合えるのが仲間の証《あかし》」「男子厨房《ちゅうぼう》に入らず」「女の子は美しくなければ幸せにはなれない」「結婚相手は三高でなくちゃ」……等々。両親、地域、時代からの無数の価値観や考え方が流れ込み、その呪縛を受けて人生をつくり上げてゆくのが人間です。

もちろんそれらは、言葉だけで受け取るわけではありません。その人生に訪れる出来事や与えられた境遇《きょうぐう》、置かれた環境の全体から、言葉を超えたところで受け取ってゆくものです。貧しく、親の愛情にも恵《めぐ》まれず、理不尽《りふじん》な仕打ちを受けて育つなら、「世界は自分を守ってくれない」という世界不信を心の根に持たざるを得ないでしょう。一方、何不自由のない環境で周囲から大切にされて育つなら、「世界は自分を守ってくれて当然」という想いを抱くことになります。そして、守られない事態が訪れたとき、どうしてもそれを受け入れられなかったり、耐えることができなかったりします。

いずれにしても、与えられた環境から絶大な影響を受けることになるのです。

◎宿命は人生の「条件」

では、背負った宿命は絶対的なもので、変えることができないものなのでしょうか。そうではありません。「魂の因果律《いんがりつ》」の神理によって人生を見つめるなら、宿命は「条件」に過ぎず、自らの受発色《じゅはつしき》を変革してゆくことによって、自分を呪縛している宿命の洞窟から自らを解き放つ力を誰もが抱いているのです。

確かに、その呪縛から逃《のが》れるのは到底難《とうていむずか》しいと思えるような重い宿命を背負う人生があります。しかし、人生に訪れる出来事は、偶然降りかかったものではなく、その魂が超えたいと願ったテーマや成就したい願いを呼びかけているというまなざしを持って向かい合うとき、必ず宿命からの解放の道を開いてゆくことができるのです。

私たちはとかく、自分が背負った宿命に対しては、なかなか受け入れ難《がた》く、ともするともっと違う境遇であったらと思います。「こんなに貧しい家でなければ、経済的な苦労をせずにすんだのに」「喧嘩《けんか》ばかりしている両親の下《もと》ではなく、穏《おだ》やかな家庭に生まれたかった」「もっとたくさんの兄弟が欲しかった」「父親があんなに早く亡くならなければ」「できれば自然の豊かな田舎《いなか》で過ごしたかった」……等々、他の境遇を羨《うらや》んだことのない人はいないと言っても過言ではないでしょう。

ときには、宿命のあまりの厳《きび》しさに、自らに降りかかった運命を呪《のろ》い、恨《うら》むことすらあるでしょう。しかし、人は宿命を人生の「条件」として生きてゆく自由意志の力を抱いているのです。

自分に与えられた条件をどのように受けとめ、その条件に対してどのようにはたらきかけてゆくのか、一人ひとりが自由意志によって、選択《せんたく》することのできる道が開かれているのです。

◎宿命は使命に転じることができる――「こうだったからこそ、こうなれた」人生へ

多くの方と出会わせていただき、自らが背負った宿命に対して取ることのできる態度には、三つの成長の段階があることを私は感じてきました。第一段階は、「こうだったから、こうなってしまった」という段階。つまり、宿命に呑《の》まれている段階です。次の段階は、「こうだったのに、こうなれた」という段階。例えば、貧しさに負けまいと豊かになったり、蔑《さげす》まれた境遇を憎んで脚光《きゃっこう》を浴びるような立場を手にするなど、宿命をはね返す段階へと人は進むことができます。そして、さらにそこにとどまらず、「こうだったからこそ、こうなれた」という段階まで人間は深化《しんか》・成長することができるのです。その宿命を背負ったからこそ、できることがあり、育まれる境地があるのです。貧しかったからこそ、蔑まれたからこそ、他人《ひと》の痛みをわが痛みとして共感できる。宿命に呑まれるのでもなく、はね返すにとどまるのでもなく、宿命を条件として、積極的に人生を切り開いてゆくこと

ができるということです。

「魂の因果律」は、誰もがこのように人間的深化と成長を遂《と》げてゆくことができることを示唆《しさ》しています。自らが背負った宿命は、必ず自分自身の成就すべき願いや超えるべきカルマを呼びかけている。そして、宿命の中にこそ、その人が人生で果たすべき使命が隠されているのです。ですから、人生に背負った宿命を引き受けて、そこに響《ひび》く呼びかけに耳を澄《す》ますならば、必ず使命への道が見えてきます。それは同時に、その人が過去世《かこせ》から抱《かか》えてきた「転生の四つのテーマ」――「魂の修復《しゅうふく》と成長」「関わりの再結《さいけつ》」「志半《こころざしなか》ばの願いの成就」「人々や場の照らし」――に応《こた》えてゆくことにつながってゆくのです。

大切なことは、自らの背負った宿命の中に、その解答は隠されているということです。誰もが、宿命に向き合い、求めるならば、必ず「ああ、そうだった。なぜこの人生だったのかが分かった――」と目が開かれる瞬間が訪れるのです。私はなぜあの両親の下に生まれたのか、なぜこの地域に生まれてこの苦しみを背負ったのか、なぜこの障害を背負ったのか、なぜこの人生だったのか……。解けなかった数々の人生の疑問が、解かれてゆくのです。

◎絆《きずな》を結び得ない「宿命の洞窟」に囚《とら》われて

ここで、お一人の方の人生における宿命から使命への転換の歩みを辿《たど》りたいと思います。

その方は橋本恭子《きょうこ》さん（五十代・仮名）という、児童作家としてすでに一三〇冊余りの作品を出版し、現在も青少年に向けての執筆活動を続けていらっしゃる方です。

橋本さんの人生の道行きにも、様々な紆余曲折《うよきょくせつ》がありました。初めから自分の人生の仕事を見つけることができたわけではなく、「本当に自分が願っていることは何か」「自分の天職《てんしょく》とは何だろう」と答えを求め続けてこられた歩みの果てに、人生の仕事と自らの願いが一つになる道を見出《みいだ》されたのです。

誰もが生まれるなら、三つの「ち」に呪縛され、宿命の洞窟に呑まれざるを得ないように、橋本さんも人生の生い立ちゆえに宿命を背負うことになります。その中でも最も色濃く人生に影を落とすことになったのは、母親との関わりでした。母親は、橋本さんとその兄の二人の子どもたちに大きな期待をかけて育てました。強くて美しい母親に、橋本さんは憧《あこが》れと恐れを抱いて育つことになります。その母親から兄との比較をされることが、橋本さんにとって最もつらいことでした。

「お兄ちゃんはやさしくて勉強もできるのに、あなたは頭も良くないし、やさしくない」――。親にしてみれば励《はげ》ますつもりの一言だったとしても、幼い子どもにとっては心を傷つけることがあります。

また、「うちは名門だから」という母親から聞かされた言葉も、橋本さんの心を重いものにしました。「母に応えたいけれども、応え切れない。自分は駄目」「母に理解してほしいけれども、自分はどうせ理解されない……」。橋本さんは、母親との深い絆を結び得ない苦悩を、宿命として人生に抱えることになったのです。

母親の期待に応えたくて起こしてしまった幾つかの事件があります。小学校のときのことです。あるとき算数のテストで、思いのほか悪い成績を取ってしまったことがありました。母親の顔が浮かびます。きっと厳しい言葉が返ってくるに違いない。そう思うと恐ろしくて、胸が締《し》めつけられるように痛むのでした。家までの道を歩きながら、考えあぐねました。そして、とうとう、下校途中の川に流してしまったのです。帰宅すると、案《あん》の定《じょう》母親にテストの結果を尋《たず》ねられました。誤って川に流してしまったことを伝えると、「点数を人に見られたらどうするの」と叱《しか》られたのです。

また、小学校のとき、クラス委員の選挙を巡《めぐ》って一つの事件が起こりました。当時、橋本さんの父親はPTAの会長をされていて、人望《じんぼう》のある方でした。橋本さんは世間体《せけんてい》としても、クラス委員になることを当然のこととして母親から期待されたのです。それは、大変なプレッシャーでした。子ども心に、どうしたらクラス委員になれるかと考えました。そして、クラスの友だちにガムやチョコレートを配って、票を入れてくれるように頼んだのです。今思えば、涙ぐましいまでの子どもらしい企《くわだ》てでしかないのですが、必死の想いで実行したこの行為は、クラスの問題としてホームルームの時間に取り上げられることになったのです。橋本さんは先生から注意を受け、クラスの友だちの批判の的《まと》になったのです。当然クラス委員にはなれませんでした。

家に帰って、母親にクラス委員にはなれなかったことを伝えなければなりませんでしたが、自分が起こしてしまったことは口が裂《さ》けても母親に伝えることはできませんでした。

母親とは子どもにとって最も愛されたい存在であり、無条件に受け入れてもらいたい存在にほかなりません。その母親との間に溝《みぞ》ができて心が開けないということが、子どもにどれほどの苦しみをもたらすことになるのか。それは、大人には想像できないほどのものがあります。

この二つの事件に象徴されるような出来事が度重《たびかさ》なり、橋本さんの中には母親との間に距離が生まれ、心に確執《かくしつ》を抱え続けることになったのです。そうした関係からどのようにして脱《ぬ》け出したらいいのかも分からないまま、年月が過ぎてゆきました。

◎繰《く》り返される相似形《そうじけい》の関わり

橋本さんはその後、懸命《けんめい》な努力を重ね、高校になると、母親の期待通り、成績も良くなり、生徒会の副会長にも選出されるなど、活発な学生時代を過ごすことになりました。しかし、橋本さんの幼い頃に刻んだ心の中の傷は消えることなく、相変《あいか》わらず、母親と心を通《かよ》わすことはできませんでした。

橋本さんは大学を出て、時代の最先端を行く流行雑誌の編集者として、多忙な日々を送るようになりました。人生の伴侶《はんりょ》にも巡《めぐ》り会い、美緒《みお》ちゃんという女の子が生まれますが、締《し》め切りに追われる日々の中でベビーシッターに預けて仕事を続けるという状態でした。そのうちに、美緒ちゃんが泣いてばかりいて、ベビーシッターの手に余るような状態になり、橋本さんの実家の母親が面倒を見ることになります。

橋本さんの中では仕事に対する充実感は確かにあるものの、一方では母親として子どもを実家に預けているという罪悪感もあり、葛藤《かっとう》が続く日々でした。

そうした中で、人から勧《すす》められたこともあって、編集者としての仕事を辞めて、児童作家への道を歩み始めることになります。最初の作品は、実家に預けたわが子に語りかける形で書かれました。

やがて、作家としての仕事も安定し、美緒ちゃんは祖母のところから橋本さんの許《もと》に戻ってきました。しかし、長い間離れて暮らしていたため、二人の間には埋《う》め難い溝が生まれてしまっていたのです。いわく言い難い気兼《きが》ねがお互いの中にあり、向き合っても何を話していいのか、どう心を通わせればいいのかが分からず、ぎこちない関わりになるのをどうすることもできませんでした。

不思議なことですが、いつの間にか、母親と橋本さん、そして橋本さんと娘の美緒ちゃんの間に相似形の関わりが生まれていました。橋本さんは最もそうなりたくなかったはずなのに、自分が苦しんだ母親との関係を娘さんとの間で繰り返していたのです。神理を学ぶ中でそのことに気づかれた橋本さんは、真剣に自分の人生に向き合おうと思い定められました。

◎本当の絆を取り戻した家族再生の物語

そしてあるとき、この三者の間に転換が訪れるのです。橋本さんの母親が、GLA（一七九頁参照）のセミナーに参加した帰りのことでした。ふと、橋本さんに、ご自身の人生のこと、その中で抱えた苦しみのことなど、胸の内を語られ始めたのです。そのような深いやりとりは初めてのことだったそうです。

お母さまの父親にあたる方は、地域の名士でした。その父親がいつも誉《ほ》めたのは自分ではなく、兄や姉だったと言うのです。自分の下の弟は周囲からかわいがられていて、その間に挟《はさ》まれて、自分だけが誉められることもかわいがられることもなく、「何の役にも立たない糞《くそ》のような人間だ」とまで言われて育ったこと。幼な心にどんなに惨《みじ》めな想いを抱いたかを打ち明けられたのです。

それを聞いていた橋本さんの中で、静かに何かが溶けてゆきました。確かそうで、いつも凛《りん》として誇《ほこ》り高い母、非の打ちどころのない母、その母がまさかそんな想いを抱えて生きてきたとは想いも寄らないことでした。

「ああ、母も私と同じ気持ちを味わってきていたんだ……」。一人の人間としての母親の悲しみや痛みが、そのまま自分の中に流れ込んでくるようでした。母親に対するえも言われぬいとおしさが、橋本さんの中に溢《あふ》れました。

その日を境《さかい》に、二人の関わりはまったく違うものになっていったのです。

それからほどなく、橋本さんと美緒さんの間にも変化が起こったのです。橋本さんが多くの方の前で自分の人生を語るという機会が訪れました。内を深く見つめることへ誘《いざな》われた橋本さんは、自分の本心を尋ね、その気持ちを素直に語ることになりました。そこには美緒さんも参加しており、母親の気持ちを初めて聞くことになりました。とりわけ、小説を書くに至った動機は、遠くで暮らすわが子に語りかけたいと思ってのことであったと知ったときには、驚《おどろ》きました。そこはかとなく感じてきた母親との間にあった距離が急速に近くなる想いでした。その直後、美緒さんはイギリスに留学することになったのですが、両親に宛《あ》てた手紙を投函《とうかん》して出発しました。

橋本さんはその手紙を読み、涙が止まらなかったと言われます。これまで育ててくれた両親への感謝と自分のこれからの未来に対する願いが、率直に綴《つづ》られていました。行間から美緒さんの裸《はだか》の心が溢れていたのです。十五年という歳月《さいげつ》を経《へ》て、初めて通い合った母と娘の心と心でした。

一口に十五年と言っても、それは長い歳月です。その間、お互いが本当の絆を求めながら、それをなかなか実現できず、ひそかに悩んできたわけです。とりたてて大きな断絶や決裂《けつれつ》があったわけではなかったのですが、だからこそかえって、悩みは深いものだったに違いありません。その重かった心に光が射《さ》し、二人の間の壁が溶けていったのです。

橋本さんの小説の多くは、親子の再結の物語であったり、絆の切れてしまった家族が再び絆を取り戻す、家族再生の物語です。橋本さんはなぜかずっとそのテーマを描きたくてならず、深め続けてこられました。それも、偶然とは思えません。私には橋本さんの魂の奥に眠る魂願につながるテーマだと感じられるのです。

橋本さんは、青少年期にある読者の方々からお手紙を頂くことや、相談を受けることが多いのですが、悩みのほとんどがいじめの問題であり、家族の絆の問題だと言われます。

友だちから嫌《きら》われることを恐れ、のけ者にされること、独《ひと》りぼっちになってしまうことを恐れる怯《おび》えのようなものが、現代の若者たちの間に強くなっていることを橋本さんは感じています。その若者たちの心に、橋本さんは今、絆の再結の物語を届け続けているのです。

痛みを抱えた若者たちの癒《いや》し手となりたい。彼らを励ましたい――。それは、橋本さん自身が痛み苦しんだ過去があったからこそ、引き出された願いであり、実現できることであると言えるでしょう。

人生で背負った宿命は、人生の使命を呼びかける――。そして、どんなに厳しい宿命も使命に転じることができるのです。

17 誰《だれ》の内にも仏性《ぶっしょう》が宿《やど》っている

どんなに深い闇《やみ》を抱《かか》えているとしても、人間は内奥《ないおう》に光としての仏性を宿している。すべての魂は、内なる闇を浄化《じょうか》し、光に転じるべく、未完の頂《いただき》をめざして歩み続ける存在である。

◎人間は信じられるか

「魂の因果律《いんがりつ》」が示している、宿命は使命に転じることができるという神理――。それは、あなたの人生がいかにかけがえのないものかを教えてくれるだけではありません。共に生きる多くの人々に対して、あなたがどのように出会い、どのように関わってゆけばよいかをも示してくれるのです。

私たちは自覚的であろうがなかろうが、必ず何らかの人間観を抱《いだ》いて、そのまなざしを基《もと》に、日々人と出会い、関わっています。あなたが抱いている人間観はどのようなものでしょうか。

例えば、「人間は信じるに値《あたい》する」というまなざしを抱いている人もあれば、「人間は信じられない」というまなざしを抱いている人もあるでしょう。そのいずれを基本的な姿勢とするかによって、日々、人々との出会い方は違ってきます。そして現実に、あなたは基本的にどちらかの姿勢で人間関係をつくっているはずなのです。

現在、神理を学んでいらっしゃるお一人、音楽・エンターテインメントのトータルプロデューサーをされている五十嵐勇治《いがらしゆうじ》さん（五十代・仮名）は、一世を風靡《ふうび》したアイドルたちを世に送り出し、有名アーティストのコンサートの企画なども数多く手がけてこられました。その五十嵐さんはかつて、「それって、どんなメリットがあるの？」というのが口《くち》癖《ぐせ》だったと言われます。生き馬の目を抜く芸能界での経験も含《ふく》め、生い立ちの過程で、五十嵐さんは、「どうせ人間は自分のこと、利害のことしか考えていない。すべてはギブアンドテイク」という想いを抱かれていました。

そのような五十嵐さんに転機が訪れます。三歳になった息子さんが血液の癌《がん》、再生《さいせい》不良《ふりょう》性貧血《せいひんけつ》という難病であることが分かったのです。頻繁《ひんぱん》に輸血を必要とするこの病《やまい》のために、友人はもちろん、さらにその知人と、五十嵐さんとは直接面識のない方々までも、昼夜を問わず血液の提供に駆《か》けつけてくださったのです。しかも、誰《だれ》もお礼を受け取られない。五十嵐さんは、大変な衝撃《しょうげき》を受けます。そして、自《みずか》らの人間観を根底から見直さざるを得なくなったのです。人間の中には、メリット・デメリットを超えて他の人のために尽《つ》くす心が確かにあることを、信じることができるようになったのです。

◎性善説《せいぜんせつ》か性悪説《せいあくせつ》か

人間は信じられるか否《いな》かという問題は、日々の人間関係に関わっているだけではありません。古来、性善説か性悪説かという議論が続けられてきたように、教育や政治などのあり方を考える上でも大きなテーマとなってきました。例えば、秦《しん》の始皇帝《しこうてい》（前二五九～二一〇）は性悪説に基づく法治《ほうち》主義によって、中国初の統一王朝を打ち立てましたが、次に中国を統一した漢は、孔子《こうし》（前五五一～四七九）・孟子《もうし》（前三七二～二八九）の性善説の思想を国家理念に据《す》えたことが知られています。

西洋に目を転じるなら、近代政治学の基を築いたマキャベリ（一四六九～一五二七）やホッブズ（一五八八〜一六七九）らは性悪説に立っていると言える一方、アメリカ独立革命やフランス革命の思想的バックボーンをなしたルソー（一七一二〜七八）は性善説に立っていると言えるでしょう。

今日の日本でも、例えば教育制度の見直しや企業の組織管理の改革、あるいは少年法や憲法九条の是非《ぜひ》などが問われるとき、人間存在をどう捉《とら》えるかという前提によって立場が違ってくるのは明らかであり、私たち人間にとって生きることに大きく関わるテーマと言えます。

◎光と闇を抱える人間

人間は信じるに値しないという証拠なら、周囲を見回せば、至る所に見出《みいだ》すことができます。神の名や正義を掲《かか》げて殺戮《さつりく》の限りを尽《つ》くす戦争やテロ、人命を奪《うば》う恐れすらある自社製品の欠陥の隠蔽《いんぺい》、自らの快楽のための殺人、そして、日々の生活に満ち溢《あふ》れている暴力や諍《いさか》い、憎《にく》しみや妬《ねた》みなど他を傷つける所業《しょぎょう》の数々……。

しかしその一方で、人間がまばゆい輝《かがや》きを放ってきたことも事実です。災害の中、自らの命を顧《かえり》みずに隣人の救出を優先する人々、阪神・淡路大震災や新潟県中越大震災のときにもそうでしたが、自らの時間を犠牲《ぎせい》にしても被災地《ひさいち》に駆《か》けつけるボランティアの方々、また非暴力によって国家の独立や人権の拡大を実現した偉業《いぎょう》の数々……。

さらに問題を複雑にしているのは、それら光と闇が一人の人間に同居しているという事実です。人々を感動させる美しい芸術作品を生み出すその人が、隣人に対して暴力的な関わりをしてしまう傾向を抱えていたり、自分を犠牲にして他に尽くそうと慈善《じぜん》活動にいそしむ人が、嫉妬《しっと》や差別の心を抱いているということがあります。

人間は完全な存在ではなく、魂願《こんがん》とカルマを抱いて未完の頂をめざして歩む、成りゆく途上《とじょう》の存在です。誰の中にも光と闇が混在《こんざい》しているのが実態なのです。

◎誰の内にも仏性が宿っている

しかし、人間は自らが抱えた宿命を使命に転じる力を内に宿しているのです（一九二頁参照）。宿命を使命に転じることができるということは、人は、深い闇を抱えるからこそ、より純粋な光を放つことができる。不自由を抱えるからこそ、より深い自由を生きることができる。不信を抱くからこそ、より確かな信を築くことができる存在であるということなのではないでしょうか。

例えば、先ほどの五十嵐さんの人生の場合、こんなことがありました。五十嵐さんが人生を振り返る中、思い出したことがあります。幼い頃、自分の歯の痛みがなぜ親には届かないのかと疑問に感じたことがありました。これほど自分が痛み苦しんでいるのに、親たちは何ともないということが不思議でならなかったのです。そして、宇宙の中で自分は独《ひと》りぼっちなのではないかという深い孤独感のようなものを刻んだと言われます。そのように人と人とのつながりということに心惹《ひ》かれ、強い関心を抱いてきた五十嵐さんだったからこそ、裏切られることも少なくはない現実の中で、「どうせ人間はギブアンドテイク」と自分を納得させてこられたのでしょう。そして同時に、そのような五十嵐さんだったからこそ、コンサートのように、人々がメリットなど関係なく純粋な感動を共有し、絆《きずな》の実感へと誘《いざな》われる場を創造することがいかに素晴らしい仕事か、心の深奥《しんおう》で感じてこられたのだと思います。

その本性《ほんしょう》が善か悪かという議論を超えて、人間は、光と闇、魂願とカルマの両方を抱えつつも、その闇を光に転じてゆく力を備《そな》えているという人間観に立ったとき、初めて開かれる世界があり、人生があるのです。

そして「一切衆生悉有仏性《いっさいしゅじょうしつうぶっしょう》」（『涅槃経《ねはんぎょう》』）——生きとし生けるものはすべて生まれながらにして仏となり得る可能性（仏性）がある、という仏典の有名な一節も、そう理解したいと思うのです。仏性とは、一般に仏たる本性、仏になれる可能性のことを言いますが、それはまた、光と闇を抱えながらも闇を光に転じてゆくことのできる人間の力という意味でもあると思うのです。そうした仏性が誰の内にも宿っている——。それも「魂の因果律」が示しているところなのです。

◎「仏性」というまなざしが開く新しい可能性

「人間は仏性を抱く魂存在であるというまなざしを知ったことが、大きな転機になりました」——そう言われる教育者や経営者の方が少なくありません。

今まで非行に走る子どもたちをどうしても導くことができなくて悩んでいらっしゃったある教育者の方は、「仏性」というまなざしを持つことによって、子どもたちとの間に深い交流が生まれ、本人も周囲も知らなかった、子どもの中に眠る新しい可能性が引き出されてきたと言われました。

また、ある経営者の方は、成績が悪く、協調性に欠ける社員を切り捨てたい想いを止められませんでしたが、仏性というまなざしによって、相手の尊厳《そんげん》や未来の可能性を自然に受けとめられるようになりました。あたかもそれに呼応《こおう》するかのように、その社員が経営者の方に心を開いてくれるようになり、意欲的に仕事に取り組むようになった結果、業績も向上したばかりでなく、新しい得意先も開拓してきたと言います。現在の未熟＝闇と、未来の成長＝光の両方を、目の前の相手の中にいかに同時に見てゆくのか、それが教育や経営ではとりわけ重要な問題になるからでしょう。

人間の光と闇をあるがままに受けとめ、いかに光を引き出すかというテーマは、もちろん教育や経営に限られるものではありません。親子の間で、夫婦の間で、上司と部下の間で、隣人同士の間で、およそ人と人との出会いが生まれるところすべてに存在する重要なテーマであると言えます。

「誰の内にも仏性が宿っている」というまなざしは、人間が魂として永遠の時を旅する存在であるという人間観より生まれているものです。人生において出会う一人ひとりを、永遠の生命として見、一回生起《いっかいせいき》のかけがえのない人生をテーマを抱えて歩んでいる存在として受けとめてゆくということです。

そのまなざしをもって相手を受けとめようとするとき、相手の方の人生の背景、三つの「ち」（一一六頁参照）にも想いを寄せるようになります。ときには、許しの想いが生まれます。また、畏敬《いけい》の念や愛念を覚えずにはいられなくなることもあるでしょう。

そしてそのまなざしは、他に対してのみ注《そそ》がれるわけではありません。自ら自身に対しても同様に注がれるのです。たとえ未熟であっても、自らの深奥に眠る光を確かに感じることができるようになります。だからこそなお一層《いっそう》、自らの闇を克服《こくふく》してゆこうとする想いも強くなるのです。

「魂の因果律」という神理は、仏性というまなざしを通じて、日々の人と人との出会いに託《たく》された本当のいのちを開花させてゆくのです。

18 すべての人生はオンリーワンである

宇宙の中で、あなただけに流れ込んでいる「いのち」の流れがある。宇宙の中で唯一《ゆいいつ》、あなただけが咲かすことのできる花がある。誰《だれ》の人生もかけがえのないオンリーワンの人生なのである。

◎「魂の因果律《いんがりつ》」は人生を変える

「魂の因果律」は、人間と世界の間に横たわる神理であり、人間が関わる出会いや出来事のすべてに直接適用することのできるものです。「魂の因果律」というまなざしを携《たずさ》えることによって、人生の現実を大きく変えてゆくことができるのです。

「魂の因果律」を生きることによって、私たちは自《みずか》らの内深く眠る最も深い願い、魂願《こんがん》を思い出してゆくことができる。何を願いとして生まれてきたのか、どんなテーマを抱《いだ》いて、何を超えてゆこうとしているのか。自分が生まれてきた本当の理由《わけ》に目覚めてゆくのです。

そのとき、私たちは自ら自身も、そして共に生きる一人ひとりも、かけがえのない唯一の存在であることを実感することができるようになります。宇宙の中で、その人だけに流れ込んでいる「いのち」の流れがあり、その人だけが咲かすことのできる花があるという神理に目が開かれてゆくのです。

その神理に導《みちび》かれたお一人、高山聖二さん（五十代・仮名）が辿《たど》られた内的深化《しんか》の歩みをご紹介したいと思います。

首都圏《けん》にある公立の福祉施設センター長をされている高山聖二さんは、現在、職場の同僚や利用者の方々から大きな信頼を得て、市民の皆さんが抱《かか》える痛みに応《こた》える日々を送っていらっしゃいます。

この高山さんが今日のような心の安らぎを得るまでには、自らの内なる光と闇《やみ》の二つのエネルギーの葛藤《かっとう》を抱えながら、自由を求める長い求道《ぐどう》の歩みがあったのです。

◎「優位に立って初めて世間《せけん》に出られる」という心のつぶやき

高山さんの人生を呪縛《じゅばく》し、翻弄《ほんろう》し続けることになったのは、「優位に立って初めて世間に出られる」という心のつぶやきでした。物心《ものごころ》ついたときからずっと、このつぶやきが高山さんの心から離れたことはありませんでした。

それは、明らかに高山さんの魂が転生《てんしょう》を超えて抱えてきたテーマにつながる「しるし」だったのですが、当然のことながら、かつてはそのような深い理由に気づくことはできず、ただ盲目《もうもく》的に歩むことしかできませんでした。そして、このつぶやきゆえに、人生の道行きに、多くの痛みと不自由を抱えざるを得ませんでした。

「優位に立って初めて世間に出られる」――このつぶやきが心に深く刻まれるには、理由がありました。まず、三つの「ち」、中でも両親からの影響によって、魂の弱点としてのそのつぶやきが引き出されてきたのです。

高山さんの父親は、貧しい農家に七人兄弟の末っ子として生まれ、幼い頃から向上心の強い子どもでした。勉強も良くできたのですが、働き手として求められたため、一度は進学を断念しなければならない状況に追い込まれます。それでもどうしてもあきらめ切れず、中学を卒業し、後に編入試験を受けて東京の名門私立大学に入学するのです。

しかし、入学直前に「今は戦時中なので、大学生でも軍隊に入れば一兵卒《いっぺいそつ》になる」という話を聞き、これからは軍隊だと思い、改めて勉強をし直して、士官学校に入学しました。ところが、卒業して沖縄に向かう直前に終戦になります。玉音放送《ぎょくおんほうそう》を聞いても、一週間はそれが信じられないほどショックを受けられたそうです。

故郷に帰り、結婚。父親に残されていたのは、牛飼《うしか》いの仕事でした。その姿を見かねた高山さんの母親が夫のためにと、村役場の募集に応じたことで、父親は村役場に勤《つと》めることになりました。しかし、そこで耐《た》え難《がた》い屈辱感《くつじょくかん》を噛《か》みしめることになったのです。年功《ねんこう》序列《じょれつ》の組織であった村役場では、かつて小学校のときに自分よりずっと成績の悪かった友人たちの部下として、働かなければならなかったのです。自分のこれまでの努力がすべて水泡《すいほう》に帰《き》するような虚《むな》しさと、葛藤を抱えざるを得ませんでした。

一方、母親の一族は皆学歴が高く、教育熱心な家系でした。そのような母親からすれば、優秀だったはずの夫と結婚したのに、こんなはずではなかったという気持ちを持つことになったでしょう。それだけに、父親は、息子に対して「自分を超えて立派《りっぱ》になってほしい」

と期待を寄せました。

満たされることのない誇《ほこ》り――。その両親の想いは当然無邪気《むじゃき》な幼子の高山さんに流れ込み、大きな影響を与えました。高山さんの人生は、その満たされぬ誇りを引き受けなければならないという宿命の中に置かれたのです。

◎癒《いや》しようのない心の傷

母方の親戚《しんせき》が集まるお正月、大人の前で、子どもたちが通知表の点数を聞かれることがよくありました。教育熱心な家に育った従兄弟《いとこ》たちが優秀な成績を披露《ひろう》して、誉《ほ》められました。高山さんもありのままに胸を張って答えたのですが、何も言ってもらえなかったため、そこで初めて自分の成績が良くないことを知りました。

さらに追い打ちをかけるように、隣の部屋から叔父や叔母たちの「何で聖二だけが成績が悪いんだろうね」という声が聞こえてきたのです。冷や汗が流れ、いたたまれない想いになりました。しかし、帰ることもできず、居場所がないまま、眠れぬ夜を過ごしました。

次の日、いち早く家に帰った高山さんは、その気持ちを受けとめてほしくて、母親に一部始終を報告したのです。するとどうでしょう。母親から返ってきたのは、思いがけない言葉でした。

「お母さんの方が恥ずかしい。お前が勉強ができないからだ」

本当の衝撃《しょうげき》が高山さんを襲《おそ》ったのは、このときでした。自分だけが世界から取り残され、牢獄《ろうごく》の中に誰も味方なく閉じ込められてしまったような孤独感を覚えたのです。高山さんの心に癒しようのない深い傷を残すこととなった出来事でした。

「結局、人は成績なんだ」

高山さんはそう心に刻みました。その出来事は、高山さんの人生を貫《つらぬ》くつぶやき――「優位に立って初めて世間に出られる」――を不動の確信にしたのです。

◎自分の現実を受け入れることができない苦しみ

それからの高山さんの人生は、哀《かな》しい色彩を強めてゆきます。自分を保《たも》つために、現実に対してさえも心を閉ざさなければならなかったからです。決して「できない」という烙《らく》印《いん》を押されてはならない。「優位」を保たなければならない――。それが人生に課せられた至上命令《しじょう》でした。そのために、親戚の人たちには、自分の成績を偽《いつわ》って伝えたこともあり、両親にも本当の成績を伝えることができなくなりました。

それでも、努力の甲斐《かい》あって、高校の入試では地元で二番と言われる高校に合格しました。しかし意気揚々《いきようよう》と通《かよ》い始めたのも束《つか》の間《ま》、英語の成績が下がり始め、この先の心配が頭を駆《か》け巡《めぐ》り、不安と恐怖の妄想《もうそう》が渦巻《うずま》きました。自分でも何が何だか分からなくなり、これ以上耐えられないと思ったとき、高山さんは突然自分で退学の手続きをしてしまいました。両親には、勉強のことは一言も触れず、「いじめに遭《あ》った。校風が合わない」とだけ説明しました。

一年遅れることになりましたが、今度は地元で一番の高校に入学することができました。けれども、それ以降、父親から成績のことを尋《たず》ねられると、自分が取った一番良いときの成績だけを伝えるようになりました。

そして、そこから引き出されるように、大学受験になると強迫観念《きょうはく》のように一流大学を受験し続けました。何度失敗しても志望大学を変えることができず、長い歳月《さいげつ》を悶々《もんもん》と過ごさなければなりませんでした。

とうとう大学への進学をあきらめてからも、転々と就職先を変え続けました。「どうしたら他人《ひと》より優位に立てるか」という想いにずっと束縛《そくばく》されていた高山さんは、就職先も、「親に言える職場」という意識が頭を離れたことがありませんでした。この頃次々に様々な資格を取り続けたことも、何か自分を保つ「しるし」を必要としたからだったのでしょう。

こうして、高山さんはありのままの自分を受け入れられない苦しみを抱えて、本当に自分が願っているものは何かと問うことも知らず、ただ「優位に立つ」ことを求めて、彷徨《さまよ》っていたのです。

◎苦しみの日々との訣別《けつべつ》

そのさなかで、高山さんは神理に巡り会い、学ばれるようになりました。

もちろんすぐに人生が転換し、その束縛から自由になったわけではありません。長い歳月、自分を守るために、現実との遊離《ゆうり》を日常的に繰《く》り返していた高山さんが、ありのままの現実に立ち還《かえ》り、ありのままの自分を受納《じゅのう》してゆくことがどれほど困難なことであったか、それは想像に難《かた》くありません。その歩みだけでも、その後の数年を費《つい》やすことになったのです。

自分の人生に流れ込んだ「ち」の流れを見つめ、宿命の洞窟《どうくつ》をつくり出すことになった人生の構造を看破《かんぱ》し、呪縛から自分を解き放ってゆく歩みが続けられました。そして、ありのままの自分を受け入れ、友人たちに心を開いてゆく――。自分が、ありのままの自分以上のものでもなくそれ以下のものでもないことを、気負《きお》いなく伝えられるようになってゆく道のりを一歩一歩深めてゆきました。

そしてあるとき、自分の生き方について一つの発見に至りました。

「ああ、私は結局自分の幸せのためだけに生きてきた。だからこんなに苦しむことになったんだ。一体自分は何を考えていたんだろう」

人よりも「優位」に立つことのみを求めて苦しんできた自分。その生き方の根本に、自分のことだけを考える姿勢があったことを見極《きわ》めたのです。

だからこそ、これからは少しでも他の人たちに尽《つ》くしたい、痛みを抱えた人たちのためにはたらきたいという願いを高山さんは抱きました。そして、自分の仕事として、できれば人々の癒しに関わる仕事を選びたいと思うようになったのです。

高山さんはある福祉施設に飛び込み、お年寄りの介護《かいご》の仕事がしたいと申し出ました。しかし、施設にはそのとき、厨房《ちゅうぼう》のアルバイトの仕事しか空《あ》きがない状況でした。一瞬躊《ちゅう》躇《ちょ》しましたが、思い直し、まず、そこから始めることを決心されたのです。

その後、念願叶《かな》って、介護職に就《つ》いた高山さんは、さらにそのはたらきが認められて、一つの施設の責任者を任《まか》されることになりました。しかし、その施設は経営に問題のある施設で、困難な道が待っていたのです。人間関係が殺伐《さつばつ》としており、そのことが業績にも大きく影を落としていました。

高山さんがこの施設で取り組まれたのは、自分の「優位」を砕《くだ》いて徹底的にスタッフの気持ちを聞いていったことでした。また、現場に出かけていっては、ヘルパーさんたちの気持ちに一つ一つ応えてゆくことに努められました。

すると、ヘルパーさんたちが実に素晴らしい仕事をされていることを、まず高山さんご自身が発見されました。異なる現実を抱えたお年寄りやその家族に対して、実に細やかに個別の対応を尽くされていたのです。懸命《けんめい》な姿に頭が下がる想いがしました。実情も知らず、表層的な印象でしか見ていなかったことを申し訳なく思いました。その気持ちで、心を尽くしてヘルパーさんたちやスタッフに関わってゆきました。職場での相互の関わりが大きく変化してゆきました。

何よりも意思の疎通《そつう》がはかられ、互いの意を汲《く》んで、一歩踏み込んで応えてゆくような関係がつくられるようになりました。信頼関係が増すに従って、皆が見違えるほど元気になり、それぞれの仕事に対する責任感が強くなってゆきました。一人ひとりの入所者に対して、各スタッフが本当に心から共感し、全力を尽くして共同できる状態が生まれたのです。

職場の人間関係の変化は即《そく》、施設全体の光転循環《じゅんかん》を生み出し、施設の実績に端的《たんてき》に現れることになりました。何と、大きな赤字を抱えていた経営状態は、黒字に転換したのです。それは考えられない転換でした。高山さんが就任《しゅうにん》してから一年の間で成し遂《と》げられたことなのです。

その実績は高く評価され、公《おおやけ》の機関でも認められて、高山さんは現在公立の二つの施設をまとめるセンター長に任命され、そのはたらきに邁進《まいしん》されています。

◎オンリーワンの存在として生かされる一人ひとり

高山さんがもたらした光転の本質は、福祉施設という人間の痛みが集約する場にあって、一人ひとりの痛みを真に受けとめ、それを癒し、解決する力が増大したことにあると言えるでしょう。それは施設のスタッフの一人ひとりが、自らの仕事に責任と使命を見出《みいだ》して再生したからであり、その根本は高山さん一人が決定的に人間の光と仏性を確信したこと、人間の内なる魂を心底信頼する目を開いたことにあったと言っても過言ではありません。

他者の内に仏性を見出したそのまなざしは、いつか知らず、自らの内にも同じ光を見出していました。他を愛してゆこうとする歩みの中で、ふと気づいたとき、自らの内が「誇り」に満たされていることを、高山さんは確かに感ずることができました。

未熟であっても、そのありのままの自分を世界に開いて、誰にも奪《うば》うことのできない「願い」に向かって生きてゆくことのすがすがしさ――。

それは、自分が宇宙にただ一つのいのちを抱いていること。優劣《ゆうれつ》の閾《しきい》を超えた、比べることのできない、オンリーワンの存在として生かされていることの実感でもありました。

19 一切に宿《やど》り、一切を支えるビッグクロス

人間と世界の一切に張り巡《めぐ》らされている見えない絆《きずな》がある。縦《たて》の絆――大いなる存在との絆、横の絆――永遠の絆、この二つの絆であるビッグクロスに私たちは支えられ、見守られて生きている。

◎「なぜ、神は沈黙《ちんもく》されているのか」

「何の罪もない子どもたちが、なぜ無惨《むざん》な姿になって死んでゆかなければならないのか。なぜ、神は沈黙されているのか――」。小児科医の川田栄一さん（四十代・仮名）と対話しているさなか、そんな魂の叫びとも言うべき川田さんのお気持ちが、魂に刻まれていた過去世《かこせ》のヴィジョンとともに私の心に伝わってまいりました。

そして次の瞬間、川田さんは、「助けられなかったんです、助けられなかったんです……」と、号泣《ごうきゅう》されながら、絞《しぼ》り出すように異言《いげん》で当時の後悔を語り始められたのです。

それは、大阪で行われた私の講演会でのことでした。数千人の方々の前で、思いがけず訪れた、魂の記憶が紐解《ひもと》かれた瞬間でした。

「なぜ、神は沈黙されているのか」――それは、小児科医療の現場で、病《やまい》の痛みを抱《かか》える子どもたちと出会う中で川田さんが常々感じてきた想いでした。かつてはとりたてて宗教を信じていたわけでもない川田さんでしたが、なぜかいつも心の中にそのような疑問を抱《いだ》いていました。そしてそれは、同時に、川田さんが川田さんになる以前、前世より魂が抱え続けてきた疑問だったのです。前世では、その答えを求めても得られず、人生を終えることになったのです。ですからどうしても今世《こんせ》、知りたかったことでした。

◎ビッグクロス――縦の絆と横の絆

「理不尽《りふじん》さに満ち溢《あふ》れるこの世界にあって、一体人間は、世界との絆を持ち得るのか、世界は信頼することができるのか――」

川田さんが知りたかった真実とは、人間と世界の間の「絆」というテーマでもありました。

自他の境《さかい》を消滅《しょうめつ》させ、病や死によっても奪《うば》い去られることのない人間の存在の根拠《こんきょ》――。それこそまさに、古来様々な宗教が追い求めてきたものにほかなりません。瞑想《めいそう》や祈りや思索《しさく》などによってその存在の根拠に回帰《かいき》し、日々の生活の中でも、常にその次元に根ざしつつ生きられるようになること。それが宗教のめざしてきたものなのです。

そして、そのような人間の存在の根拠を、私は「ビッグクロス」(Big Cross)と呼んできました。私たちの存在を根底から支える、世界との二つの絆の交差《こうさ》という意味です。

第一の絆は、「大いなる存在との絆」という縦の絆、この世界にある一切の存在を生かし包《つつ》み支える大いなる存在との絆です。それはまた、この大宇宙を司《つかさど》る法則であり意識、つまり、「神」との絆です。

そして第二の絆は、「永遠の絆」という横の絆です。それは、人間はこの世限りの存在ではなく、肉体の生死を超えた永遠の生命の次元に根ざす魂存在であることの実感です。無限の過去世を生きてきた自《みずか》らとの絆、そして無限の来世を生きてゆく自らとの絆と言ってもよいでしょう。

◎ビッグクロス体験とは

私たちは誰《だれ》もが人生を歩む中で、この縦と横の二つの絆、ビッグクロスをそれとは意識せず、体験してきているのです。

「大いなる存在との絆」について、このような体験はないでしょうか。

雄大な自然の中に身を置いて思わず息を呑《の》んだこと。また、優《すぐ》れた芸術や音楽に身の震《ふる》えるような感動を覚えたこと。宇宙や人間の成り立ちを垣間《かいま》見て、神秘を感じたり、その精妙《せいみょう》さに驚嘆《きょうたん》したこと。スポーツ競技において、鍛《きた》えられた動きや見事な共同力に心を打たれたこと。中には、間一髪《かんいっぱつ》のところで危機を逃《のが》れ、何か見えない力に救われたような体験を持っている方もあるかもしれません。偶然とは思えない形で、導《みちび》かれるようにして人生の伴侶《はんりょ》と巡り会った方もいらっしゃるでしょう。そのようなとき、私たちは、人間を超えた大いなる存在の力を感じずにはいられないでしょう。

「永遠の絆」も、それと知らずに触れてきているはずです。

「人間はどこから来て、どこへ行くのだろう」「私は、何のために生まれてきたのだろう」といった存在の根源に関わるような疑問を抱いたことがあるとすれば、それはまさに永遠の魂の次元から立ち上ってきた疑問にほかなりません。自らの存在の根を探し、魂願《こんがん》を尋《たず》ねる問いかけだからです。

また、大切な人が亡くなったとき、その存在が消えてしまったとは思えないのが、多くの人の実感なのではないでしょうか。親しい人であればあるほど、亡くなってもその方の存在を感じる。それは、死を超えるつながりを私たちが感じている証《あかし》です。

新しい生命の誕生に立ち会ったときにも、私たちは何か不思議な想いに打たれることがあります。生まれたばかりの赤ちゃんを前にして、親になった夫婦が、なぜか「私たちのところへよくやって来てくれた」と思うということをよく聞きます。それは、次元を超えての「訪れ」のような感覚を抱いているのではないでしょうか。

しかし、たとえこのような二つの絆をどこかで体験していたとしても、その見えざる絆を深く実感し、世界への信頼を確かなものにしてゆくことは容易ではありません。本当にそれを求めたいと願う切なる想いと、現実に探し、求め続ける長い道のりが必要です。

一人ひとりの魂が求めゆく道行きは様々です。同じ頂上をめざしていても、そこに辿《たど》り着くには無数の道があるように、転生《てんしょう》を重ねながら、それぞれの道を遙《はる》かな頂《いただき》をめざして歩み続けているのが、永遠の旅人としての私たち人間なのです。

◎両親の期待を一身《いっしん》に背負って

川田栄一さんが生まれたのは、九州の遙か南に位置する小さな島でした。川田さんの心の中には、いつか知らない間に、「かつて差別した本土の人たちをいつか見返してやる」という恨《うら》みのような情念が棲《す》みついていたと言われます。それは、この離島《りとう》に生を享《う》けることによって、流れ込んでくることになった「地」の流れでもあったのでしょう。

川田さんの父親は、若い頃、本当は医師になりたかったのですが、経済的な理由から医師になることは叶《かな》わず、やむなく商売を始めることになった方でした。川田さんは幼少の頃から、両親の期待を一身に受けて育つことになりました。

小学校に入学したときに、川田さんが母親から言われた言葉は「医学部まであと十二年よ」というものでした。川田さんは、両親が果たせなかった志《こころざし》の弔《とむら》い合戦《がっせん》を成就《じょうじゅ》しなければならないという宿命の中に置かれたのです。

川田さんは中学を卒業すると、親元を離れて熊本にある進学校に入りました。一回目のテストの際に、学年で一番の成績を取ったことを両親は大変歓ばれ、期待はますます高まってゆきました。

ところが、大学受験では、合格確実と言われた医学部を落ちてしまったのです。相当なショックを受けるのですが、川田さんは「今に見返してやる」と思ったと言われます。猛勉強をし、次の年には、偏差値《へんさち》の高い東京の国立医大へ入学することができました。

◎病の痛みにさらされる子どもたち

川田さんは大学では、考えあぐねた末、小児科を専門に選ばれました。この選択《せんたく》はある意味で不思議な選択だったと思います。川田さんに流れ込んできた三つの「ち」からするなら、もっと脚光《きゃっこう》を浴びるような学科を選択しても不思議ではなかったのですが、なぜか見えない力に引っ張られるようにして、小児科への道を選ばれたのです。

そこは川田さんの想像を超えた大変な場所でした。あどけない顔に腫瘍《しゅよう》ができている子、厳《きび》しい治療で髪《かみ》が抜けてしまって、生気《せいき》を失ってしまっている子、大変な痛みに耐《た》えなければならない手術を余儀《よぎ》なくされる子……。川田さんは、その小さな子どもたちの担当になるたびに激しい怒りを覚えるのでした。悲しみとニヒリズムが入り混じった怒り——。

「どうして、子どもたちがこんな目に遭《あ》わなければならないのか」「神は何をされているのか」「なぜ、神は沈黙されているのか」——そんな疑問が、内から溢れてやみませんでした。

◎「治す」ための懸命《けんめい》な努力を重ねて

小児科医として、たくさんの子どもたちとの出会いを体験してこられた川田さんですが、その一回一回が忘れられない出会いとして心に刻まれています。中でもA君との出会いは、とりわけ強い印象を刻むものとなりました。川田さんが抱えてきた魂のテーマに大きな開けをもたらす、かけがえのないときとなったのです。

A君は十七歳の青年で、白血病《はっけつびょう》に罹《かか》っていました。厳しい病の宣告を受ける患者さんの多くがそうであるように、A君も、自分の病気を知ったとき、大変なショックを受けました。ベッドをたたいて、「どうして僕だけがこんな想いをしなければならないのか」と泣かれたと言います。その後も理不尽さを嘆《なげ》き、「治してくれ」と訴《うった》える日々が続きました。

川田さんは、懸命に治療に努めました。彼と同じような青年期にある子どもたちが味わうことのできる歓びや楽しみを、何とか体験できるようにしてあげたい――。そう思い、考えられる限りの技術や知識を導入して、病気を治そうとされました。しかし、手を尽《つ》くせるだけ尽くしたのですが、一向《いっこう》に病気は良くなりませんでした。

その頃の川田さんは「治らなければ、癒《いや》されない」と思っていました。患者さんを治せなければ意味がない。それなのに治すことができない。川田さんは、どうにもならない壁の前で立ち尽くしていました。

◎内を見つめ、内と外をつなぐ歩み

万策《ばんさく》尽きる中、学生時代に神理に触れていた川田さんは、神理に照《て》らして自分の内（心）を見つめることになります。すると、自分の心の中に「私は正しい」「私は分かっている」というつぶやきがあり、それが患者さんとの間に、自分が「治す人」で、相手は「治す対象」という関わりをつくり出してきたことに気づいてゆかれました。「この自分の中の『優位』の想いが、A君との間に溝《みぞ》をつくっていたのではないか、この自分の想いを転換

して ゆこう」と思い定められました。

そして、自らの心を見つめて振り返り、祈りの時を持つなど、ライフスタイルも変えてゆかれたのです。

さらに、川田さんは看護師さんや技術スタッフの方々に対しても、「足元を見られてはならない」と本心を語ることができない自分が心の奥に隠れていたことにも気づいてゆかれました。そして、生い立ちゆえにつくってきたこの自分を砕《くだ》いて、心を開いてゆくよう努められたのです。

すると、そうした川田さんの内的な変革の歩みと呼応《こおう》するように、外なる現実である看護師さんや技術スタッフの方々が以前にも増して協力的になられました。A君のためのカンファレンス（治療方針の討議）の場にも、夜勤《やきん》明けであるにもかかわらず、快《こころよ》く参加してくださり、長時間にわたって、熱心に話し合う場が生まれるなど、以前では考えられないような状況へと変化していったのです。

◎治らなくても癒される

そんなある日、A君が肺炎《はいえん》を併発《へいはつ》し、意識不明に陥《おちい》ったことがありました。「これだけしているのに、どうして……」、同じような症状が起こって亡くなっていったお子さんをたくさん見てきた川田さんは、深い虚無感と限界感に襲《おそ》われました。

そのとき、心の奥から「光を入れてあげなさい」という声が響《ひび》いてきたのだそうです。川田さんは、A君の胸に手を当てて、神の光が患部に降り注がれるようにと、無心に祈りました。しばらくすると呼吸が安らかになり、酸素の値《あたい》も上がり、病状が持ち直しました。

それからほどなくしてからのことです。A君がふとこう言ったのです。

「僕が治らないと、お父さんやお母さんに申し訳ない。川田先生にも申し訳ない」――川田さんは驚きました。それまでのA君の態度からは考えられない発言でした。そして、「絶望的なこの状況の中で、彼の中にこんな気持ちがあったとは……」と、そのことに気づけなかったことを申し訳なく思いました。

A君の気持ちに打たれた川田さんは、できるだけのことをさせていただこうと改めて誓いました。ご両親と少しでも出会いの時間を持たせてあげたいとの気持ちから、思い切ってA君のベッドを病院から自宅に移しました。しかも、川田さん自身がそこに寝泊まりをすることにしたのです。

A君の病状は厳しくなる一方で、多量のモルヒネも打たなければならない状況でした。食べてもすぐに吐《は》いてしまいます。肉体的には限界でした。しかし、A君は信じられないほど明るくて元気なのです。不思議なくらい心が安らいでいました。心が癒されたとしか思いようがありませんでした。

短い時間ではありましたが、ご両親とのかけがえのない出会いの時間も持つことができました。「もう一度生まれたら、また親子になりたいね」、そんな言葉も交わされたそうです。やがて、A君はご家族に見守られ、人生を終えてゆきました。

治らなくても癒される——。確かに人間の力には限界がある。命にも限界がある。たとえ技術を駆使《くし》し、心を尽くしたとしても、治せない病がある。しかし、人は人を癒すことができるということ。それが川田さんが、A君との出会いを通して学んだことです。

川田さんは、患者さんお一人お一人とのこうした出会いを重ねる中、次第《しだい》に魂が抱えてきた疑問に解答を与えられてゆきました。神は魂として人生を歩む一人ひとりを確かに見守られている。私たちの魂には、揺《ゆ》るぎない神との絆が結ばれている、と。

「神は、決して沈黙されていたのではない」——川田さんの中に、その実感が今静かに訪れています。

◎ビッグクロスとの絆に結ばれた「受発色《じゅはっしき》」は世界を変える

「魂の因果律《いんがりつ》」というまなざしは、まさにこのビッグクロスという二つの絆を大前提とする神理にほかなりません。「魂の因果律」のまなざしをもって魂と心と現実をつないで生きてゆくとき、私たちはビッグクロスとの絆の実感へと誘《いざな》われてゆくのです。

そして、何よりも大切なことは、このビッグクロスは「もの」のように存在しているのではないということ。人間一人ひとりの受発色がビッグクロスとの絆に結ばれたとき、川田さんがそうであったように、その力は光転のエネルギーとなって、世界にはたらきかけることができます。

古代インドの聖典『ウパニシャッド』に、次のような一節があります。

「神は鉱物の中で眠り、植物の中で目覚め、動物の中で歩き回り、人間の中で思惟《しい》する」。

大いなる存在は、人間の「受発色」を通してこの世界により深く関わろうとされているということです。

私たちが「魂の因果律」のまなざしに導かれて、ビッグクロスの次元に回帰《かいき》し、その次元に根ざした「受発色」を生きる。そのとき、私たちの受発色を通じて、大いなる存在がこの世界に関わられ、光を顕現《けんげん》されるということにほかなりません。

「なぜ、災厄《さいやく》ばかりのこの世界か。なぜ、このような試練に私は遭《あ》ったのか」。そうあなたが問うとき、「だからあなたはそこにいる」という声なき声が響いているのです。

この世界の闇は、神不在のしるしではありません。それはなぜか――。あなたがいるからです。あなたが生き、あなたが歩み、あなたがその悲惨と混乱の現実に関わることができるからです。

「魂の因果律」という神理によって、ビッグクロスの次元とつながり、自らの受発色の変革を通じて、大いなる存在の光をこの地上に顕現してゆくことができる――それこそが、人間に与えられた権能《けんのう》であり、使命ではないでしょうか。

20 魂・人生・生活を一つに結ぶ生き方

「魂の因果律《いんがりつ》」を日々の生活の中で生きることは、魂と人生と生活を一つに結んで生きるということである。それは自《みずか》らの受発色《じゅはつしき》の変革から始まる。

◎人生は無意味か——シーシュポスの神話が問いかけること

ギリシア神話に描かれるシーシュポスの神話をご存じでしょうか。

シーシュポスは、自分の犯《おか》した罪の償《つぐな》いとして、一つの苦役《くえき》を課せられます。それは、巨大な石を山の頂上まで運ぶというものです。シーシュポスは、渾身《こんしん》の力を込めてその巨石を山の頂《いただき》まで押し上げます。ところが頂上まであと一歩というところで、その巨石はそれ自身の重さにより、山のふもとまで転がり落ちてしまうのです。シーシュポスは、再び山のふもとから巨石を頂上まで押し上げなければなりません。幾度《いくど》押し上げても結局は振り出しに戻ってしまうというこの労役《ろうえき》は、果てしなく続くのです。

現代フランスの作家アルベール・カミュ（一九一三〜六〇）は、人生をこのシーシュポスの神話にたとえ、人生の無意味を人々に問いかけました。

確かに、日常生活に対して、このシーシュポスのように、苦役を課せられているように感じている人は少なくはないでしょう。

例えば、多くの主婦が日々携《たずさ》わっている家事――。食事をつくって家族に食べさせても、ほどなく空腹になり、数時間後にはまたつくらなければならない。きれいに洗濯《せんたく》をしても、子どもはすぐに汚してしまう。掃除《そうじ》をしても、散らかされて、また片づけなければならない。消えてゆくだけのようにしか感じられない時間に意味が見出《みいだ》せない方は、少なくはないでしょう。

会社勤めでも、充実を感じられる人ばかりではないはずです。せっかく困難な状況をクリアして契約に漕《こ》ぎ着けたのに、会社の上部の判断で、取引そのものが破棄《はき》される。心血《しんけつ》を注《そそ》いで新製品を開発したにもかかわらず、他の会社に先に特許《とっきょ》を取られてしまった……等々。日常生活は、徒労《とろう》感や不毛《ふもう》感を引き出される出来事に満ちています。

さらに人生全体を眺《なが》めてみても、ようやく手にしたと思えた地位や財産、また愛する人も、いつ失うことになるか分かりません。そうした人生にはつきものの喪失《そうしつ》体験によってすべてが失われてしまうとしたら、人間にはただ哀《かな》しみと不自由さと空《むな》しさがあるだけではないかと感じるかもしれません。獲得《かくとく》しても獲得しても、結局人生は「死」という喪失で区切りをつけなければなりません。獲得だけによって支えられている人生なら、喪失によって相殺《そうさい》されてしまう人生に意味があるとは思えないでしょう。まさに人生は不毛としか感じられなくなります。

苦しみや痛みの時はもちろんのこと、歓びや感動の時までをも含《ふく》めて、人生そのもの、生きることそのものに意味を見出せない——それこそが、私たち現代人が直面している人間存在としての痛み、霊的痛みなのではないでしょうか。

◎魂・人生・生活は一つに結ばれているか

たとえ、十分に生きがいや充実感を感じているからと言って、安心することなどできません。その下には、空しさの空洞《くうどう》が口を開けて待っていることもあります。健康や地位や財産を喪失すれば、自分がこれまで見出してきた「生きる意味」が奪《うば》い去られるばかりでなく、その意味が実に底の浅いものでしかなかったことを顕《あら》わにしてしまうかもしれないのです。

では、どのような喪失を体験しようとも、決して奪われることのない確かなものを感じて生きることはできるのでしょうか。また、繰《く》り返しのように見える日常生活に意味を見出す生き方とは、どのような生き方でしょうか。

「魂の因果律」のまなざしは、外界に現れるすべての現実は内なる心・魂と深く結びついていることを告げています。訪れる現実を心の次元、魂の次元と深く結んで生きることができるなら、宇宙の指導原理《しどうげんり》と響《ひび》き合う生き方ができるのです。反対に魂・人生・生活がバラバラであるとき、私たちは心に空しさや不充足感を抱《かか》えることになります。

日々の生活や営《いとな》みが人生の次元、魂の次元と結びついているかどうか——。このことを確かめることから始めてみてはいかがでしょうか。

◎生活と魂・人生が断絶しているとき

まず、日々の生活や営みが、魂の次元、人生の次元と切れているとき、私たちはどのような状態になっているでしょうか。次のようなことはないか、確かめてみてください。

□毎日がただただ忙《いそが》しく、いつも心に倦怠感《けんたいかん》がある
□とりたてて問題はないが、毎日が本当には充実していない
□幾つかの問題に釘付《くぎづ》けになっていて、いつも心が重苦しい
□夢は持っているが、先送りになり、具体的に歩み出せないでいる
□成功し続けることに必死で、いつも心は落ち着かず葛藤《かっとう》している
□今の人生が本当だとは思えないが、毎日を生きるのに精いっぱいである

もし、この中の幾つかが当てはまるようなら、魂・人生・生活が断絶している状態と言えるでしょう。これらはいずれも、エネルギーが自分の中から湧《わ》き上がってこなくなっていて、自分の人生でありながら、世界の側に主導権があるような感覚なのです。このような状態にあるとき、人は、いわゆる外界からのストレスに対して非常に脆弱《ぜいじゃく》となり、さささいなことで心身の調子を崩《くず》しがちになります。

では、なぜエネルギーが湧き上がってこないのでしょうか。それは、私たちの日常の現実＝生活が魂とつながっていないとき、私たちはなぜ私は私になったのか、何のために生

きるのか、自分の人生の所以《ゆえん》、魂の所以を知ることなく生きることになるからです。私は魂の本質を、「智慧《ちえ》持つ意志のエネルギー」とも呼んでいますが、魂・人生・生活がつながっていないために、まさにその魂のエネルギーが、生活の次元にまで供給されなくなってしまうのです。

◎魂・人生・生活を一つに結ぶとき

では、魂・人生・生活が一つに結ばれているとき、どのような状況が訪れるでしょうか。次のような状態を体験したときのことを思い起こしてみていただきたいのです。

□忙しいけれども元気
□平穏《へいおん》でありながら充実している
□問題と向かいながらも颯爽《さっそう》としている
□現実に応えながら夢への挑戦をしている
□果敢《かかん》でありながらも平安
□着実でありながら新たなる開拓をしている

こうした感覚を抱《いだ》いているとき、それが、魂・人生・生活の三つが一つに結ばれているときなのです。自分は何者で、何のために生きていて、何をすればよいか、ということがはっきりとしている。自らの使命に限りなく接近しているときの感覚でもあるのです。

魂・人生・生活の三つを一つに結んだ感覚について、さらに見つめてみたいと思います。

まず、魂と生活を結ぶということ。それは、永遠の生命として今を生きる、ということです。永遠の生命としての自覚を抱きながら、今、目の前にある事態に臨《のぞ》む。日々の生活を、一瞬一瞬の出会いや出来事を、自らのカルマを超克《ちょうこく》し魂願を果たしてゆくための、一回一回のかけがえのない機会として捉《とら》え、生きるということです。

次に、人生と生活を結ぶとはどういうことでしょうか。それは、人生の目的を抱いて今を生きるということです。日々の生活、一瞬一瞬の出会いや出来事を、人生の目的が一層《いっそう》明らかになる機会と受けとめ、その人生の目的に照らして悔《く》いなく生きる。人生を終えるときに抱くであろうその想いで、今を生きると言ってもよいでしょう。

インド独立の父、マハトマ・ガンジー(一八六九〜一九四八)も「永遠に生きる者のごとく学び、明日死ぬ者のごとく生きる」という言葉を残していますが、これもまさに、永

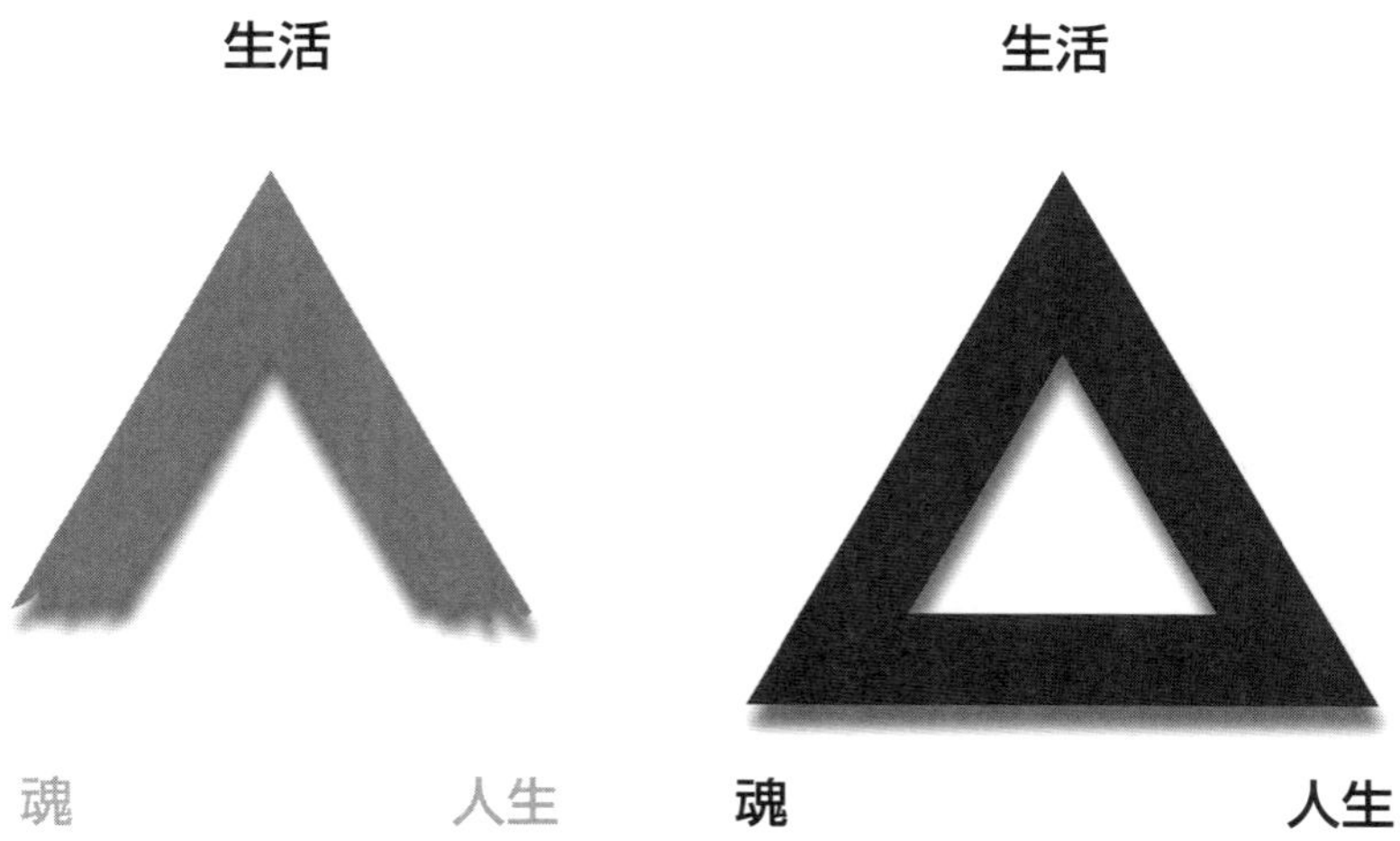

生活と魂・人生が断絶

魂・人生・生活が一つ

遠の生命として今を生き、人生の目的を抱いて今を生きるということを意味しているように思います。

◎受発色の変革から

では、魂・人生・生活を一つに結ぶということを、具体的にどこから始めてゆけばよいのでしょうか。

それは、受発色の変革です。

なぜなら、「魂の因果律」のまなざしに立つとき、「魂願とカルマ」という魂の次元からの流れと、三つの「ち」（一一六頁参照）という人生の成り立ちの流れ、そして今の目の前の「現実」は、まさに私たちの心、すなわち「受発色」という一点において出会うからです。

その瞬間瞬間における受発色を見つめ、その闇《やみ》をとどめ、光を顕《あらわ》してゆくことを通じて、私たちは、引き受けた三つの「ち」を浄化《じょうか》し、人生の目的を一層明らかにしてゆくことができます。同時にそれは、カルマを超克し、魂願を現実に生きることでもあるのです。

21 魂願《こんがん》を現す新しいライフスタイルの創造を

現在という地点で、未来という時間を使い、過去をつくり続けているのが私たち人間。その人生航路の舵《かじ》を決定的に握《にぎ》っているのが「受発色《じゅはっしき》」であり、瞬間瞬間の受発色によって、私たちは光と闇《やみ》をつくり出している。ならばこそ、魂願を現すためには、受発色を変革し、新しいライフスタイルを創造してゆかなければならない。

◎人生ゲーム――未来はルーレットだけが知っている

先に、魂・人生・生活を一つに結び「魂の因果律《いんがりつ》」を生きてゆくには、「受発色」の転換が必須《ひっす》であることを共に見つめてきました。ここではその「受発色」の転換がいかに大切であるかを、「時」というまなざしからさらに深めてゆきたいと思います。

一日・二十四時間、一時間・六十分、一分・六十秒という「時間」の量は、誰《だれ》にとっても変わりがありません。ひとたび刻まれた「時」は、決して戻らないことも公平な条件です。そしてその「時」の条件に対して私たちがどのように生きるのか――。「時」を何となく流れ去ってしまうものにするのか、生涯《しょうがい》を通じても決して忘れることのできない決定的なその「時」とするのかは、私たちの選択《せんたく》に委《ゆだ》ねられています。このこともまた、誰にとっても変わらない真実であり、魂のテーマを成就《じょうじゅ》するチャンスとしての「時」はまったく公平であるということを示しています。

こうした「時」のいのちを大切に受けとめ、味わい、心を尽《つ》くして生きてゆくためにも、「受発色」の転換がどうしても必要なのです。

「人生ゲーム」をご存じでしょうか。

このゲームは、盤上《ばんじょう》で、就職や結婚など人生に関わる様々な出来事を疑似《ぎじ》体験し、そこに繰《く》り広げられる波瀾万丈《はらんばんじょう》の人生に一喜一憂《いっきいちゆう》する、まさに人生をどうつくりあげてゆくかという一種のシミュレーションゲームと言えるでしょう。

人生ゲームの盤上には、多くのマス目が連なり、それぞれに人生で遭遇《そうぐう》する出来事が設定されています。すでに進んできたマス目は、変えられない過去であり、先に伸びてゆくマス目は未来の選択肢《せんたくし》です。そして、未来に遭遇する出来事を決めるのは、ルーレットです。ルーレットを回し、出た数字の分だけ前進する。例えば二が出れば、未来は二マス進んだ先のマス目（に記された出来事と遭遇する）と決定されたことになります。

では、この人生ゲームを私たちの現実に置き換えると、どのようなことが見えてくるのでしょうか。

まず未来の人生航路を左右するルーレットは、まさに私たちの心のはたらき――「受発色」に相当するでしょう。ただしそこには、大きな違いもあります。それは、人生ゲームのルーレットでは、あらゆる目が公平に出るようになっていますが、私たちの歪《ひず》んだ「受発色」では特定の目しか出せないようになっているからです。

現実の人生では、快《かい》・暴流《ぼうりゅう》のルーレットもある。苦《く》・衰退《すいたい》のルーレットも、また快《かい》・衰《すい》退《たい》や苦《く》・暴流《ぼうりゅう》のルーレットもある。それぞれ、すでにルーレットそのものに強い歪みをつけてしまっているため、たいていは同じような目しか出せないようになっているのです。

もしあなたが「人生ゲーム」を、限られた目しか出ないルーレットで始めればどうなるでしょうか。何度試《こころ》みても同じような未来を繰り返し、同じような末路《まつろ》を辿《たど》ってゆくのではないでしょうか。

そして、それが現実の人生ならどうでしょう。例えば、快・暴流で、他人《ひと》が困っている姿に接すると、「俺の出番だ」と思い込む一方で、ひとたび自分が圧迫《あっぱく》を受けると苦・衰退に入り、「どうしよう。もう駄目《だめ》だ。逃げたい」となる受発色の傾向を持っている場合ならばどうでしょうか。それは、ルーレットにたとえるなら、二種類の数だけしか出ないことと同じです。したがって、未来も二種類の進み方しかできなくなってしまうでしょう。

このように私たちは、未来からの時間に対して、歪んだルーレット（受発色）を回し続け、繰り返しの現実を生み続けるなら、内なる可能性も開花できぬまま、ましてや魂のテーマも果たせぬまま、人生の時間を空費《くうひ》してしまうことになるのです。

◎現在・過去・未来をつなぐもの——それは「受発色」

様々な現実は、未来から私たち目がけてやってくる。それを、現在という地点で引き受けるのが私たちの心のはたらき——「受発色」です。つまり、私たちの「受発色」は未来という時間を使いながら、現実を生み、過去をつくり続けているわけです。

それほどまでに「受発色」は、人生に対して大きな支配力を持っています。しかしその一方で、大切な人生を偏《かたよ》った「受発色」で生きているのも私たちです。この事実に目を開くなら、受発色転換の大切さは、どれほど強調してもし過ぎることはないはずです。怒濤《どとう》のように押し寄せてくる「時」の流れに打ち勝ち、私たちが魂のテーマを果たしてゆくことは、容易なことではありません。しかし、私たちはその畢生《ひっせい》のテーマに挑戦すべく、この世界に望んで生まれてきたことも確かです。「時」は、あくまでも魂のテーマを成就するために与えられた恵《めぐ》みにほかなりません。

◎事態をカオスと捉《とら》えるまなざしを

受発色の転換は、一人の人生の方向性を大きく変えてゆくばかりではありません。世界の現実を変えてゆく力にもなります。自分から他へと波及《はきゅう》してゆくということです。

私たちの目の前には、日々様々な事態が訪れます。その事態に対して、私たち人間は瞬間瞬間、受発色を繰り返しています。大切なことは、この受発色こそが、事態を光転にも導《みちび》き、ときには暗転の現実をもつくり出していること。人間の受発色こそが、事態を光と闇に分化《ぶんか》させているということです。

事態を光と闇の混在《こんざい》するカオス（混沌《こんとん》）として捉えるまなざしに立ったとき、人間は

「時」をどう生きることができるのか、そのことをもう少し具体的に考えてみたいと思います。

◎先智慧《さきぢえ》・実行・後智慧《あとぢえ》——具現《ぐげん》の循環《じゅんかん》

まず、第一段階は「先智慧」です。

未来という時間は、私たち目がけて、刻一刻と、様々な出来事や事態を運んでやって来ます。しかしこの時点では、まだ事態は光と闇が混在した状態であり、単純にことの善《よ》し悪《あ》しを決めつけることはできません。事態に実際に触れる前のこの段階にできることはたくさんあります。それを私はあらかじめ智慧を尽くすということから「先智慧」と呼んでいます。

例えば、翌日、会議を控《ひか》えていて、そこで議長を務《つと》めることになっているとしましょう。あるいは、主婦の方なら、久しぶりに親戚《しんせき》の方が集まる夕食会が持たれる予定があることを想定されても結構です。

まず、どのような願いを持ってこの事態を迎えるのか、その場の目的や自分の願いをはっきりとさせることがとても重要になります。また、現状を列挙《れっきょ》してみて、意識化しておくことも準備の段階で必要なことです。さらに、かつて同じような事態に遭遇したときにどこでつまずいたのか、どういう点が足りなかったのかをよく振り返り、その振り返りを基《もとい》に、迎《むか》え撃《う》つ心の構《かま》えをしっかりと定め、必要な諸準備を整える……。

そして、この事態を前にして、自分の心にはどのような気分や想いが占《し》めているか、自分の内を見つめてみること。そこに現れている自分の心の闇を転換することができるなら、会議や集いに向かう心は変わります。最低限こうしたことはできるでしょう。

次に、第二段階は「実行」です。

事態に対して、「今」という瞬間、私たちは現実に手を触れ、受発色することになります。ここで私たちが実際に、どのように受発色するのか、その受発色のありようによって、カオスであった事態は、光転もすれば、暗転もします。第一段階の「先智慧」のステップで、どこまで緻密《ちみつ》に、リアルにイメージシミュレーションをしたかによって、事態への対し方が変わってきます。また、思いもかけない事態が生じても、偽我《ぎが》の受発色（九六頁参照）に傾《かたむ》くことをとどめ、徹底《てってい》して、善我《ぜんが》・真我《しんが》の受発色で対する心の構えがどれだけできているか。これは、日頃積み重ねてきた心の鍛錬《たんれん》の度合いがものを言います。

そして、第三段階は「後智慧」です。

時が経《た》ち、事態は過去のものとなり、私たちの後方に置かれてゆきます。私たちが事態に触れた結果、暗転したのか、光転したのか、その結果が、はっきりと現実となって現れ、過去に堆積《たいせき》された段階です。この段階で、私たちは事態を振り返り、次なる先智慧につなぐことができる、実は極《きわ》めて大切な時と言えるのです。

もし事態が暗転に傾いたならば、何が足りなかったのか、なぜ足りなかったのかを徹底して明らかにしておくことです。その暗転した事態には、必ず私たちの「受発色」のテーマが投影《とうえい》されています。そしてその受発色のテーマを通して、魂の内に宿る「カルマ」の発見にもつながることがあるのです。

また、もし事態が光転に導かれたならば、なぜ光転に導かれたのか、私たちが頂いた恩《おん》恵《けい》とはどういうものなのかと頂いた恩恵に心を向けることが大切でしょう。そのような恩恵に導かれるということは、そこに「魂願」の光が現れていたのかもしれません。自らの魂願をより深く、よりリアルに受けとめることができれば、その魂願の可能性をもっと開

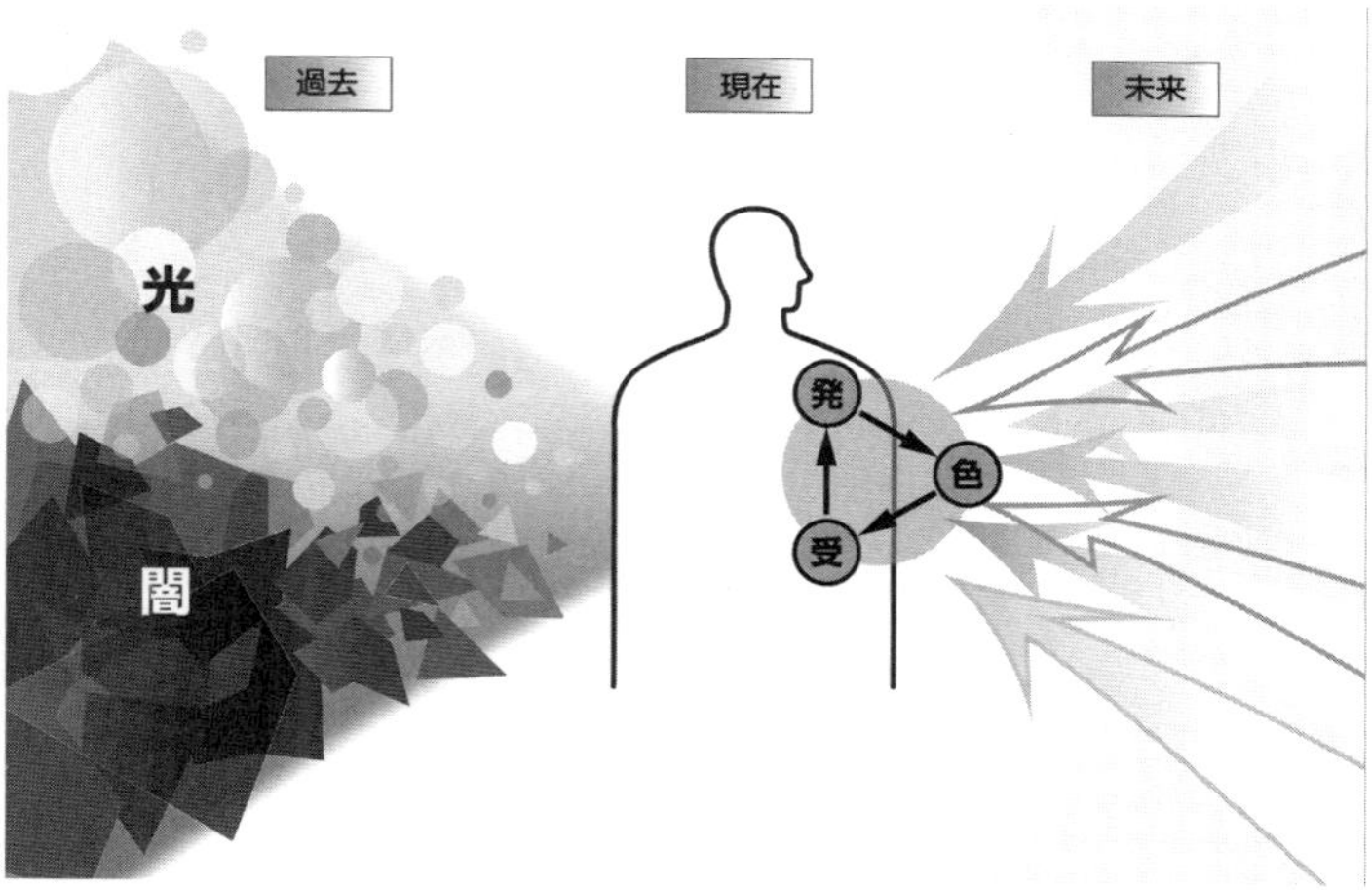

事態はカオス

いてゆくために受発色を鍛錬し、願いをより純粋に、強く抱《いだ》いて事態に向かうという、次なる次元への挑戦を果たすことができるのです。

先の第一段階、第二段階までは大切にできても、私たちは往々《おうおう》にして、この第三段階を疎《おろそ》かにしがちですが、自分自身の魂の成長という意味でも、大変もったいないことだと言わなければなりません。

◎運命を切り開く挑戦――新しいライフスタイルの創造

こうした事態に対する向き合い方が自然になってくると、目の前に訪れた事態の大小で、単純に一喜一憂しなくなります。どんなに厳《きび》しい事態であろうと、また逆に、順風《じゅんぷう》と思えるような事態であっても、私たちの受発色が触れるまでは、光転するか暗転するか、分かりません。楽観的に思えるような事態であっても、「これなら大丈夫」という安易《あんい》な姿勢で関わることによって、思わぬ暗転をもたらすこともあるでしょう。また、厳しい現実に向かい合っても、その事態を迎え撃つ覚悟《かくご》を持って臨むならば、「ピンチはチャンス」となり、そこから思いもかけない光転の現実をもたらすこともあるのです。

そのすべては、私たちの受発色に委ねられています。私たち人間がその事態に触れることによって、初めて光と闇に分かれてゆく――。これは、ある意味では大変に峻厳《しゅんげん》な神理です。このことを知れば知るほど、私たちは安易に、何となく事態に手を触れるということはできなくなります。私たちの手の触れ方で、未来がまったく変わってしまうからです。

カルマを超克《ちょうこく》し、魂願を世界に現すための新しいライフスタイル――先智慧・実行・後智慧の具現の循環を回し続けてゆくこと。それは、人生の主導権を取り戻し、自らの運命を自らの手で切り開く挑戦でもあるのです。

22 「三つの自覚」——魂を守るための心得《こころえ》

私たちがこの世界で魂の願いや志《こころざし》を果たしてゆくために、なくてはならない心得——。それが、「恩恵《おんけい》の自覚」「愚《おろ》かさの自覚」、そして「忍土《にんど》の自覚」という「三つの自覚」である。この「三つの自覚」によって、私たちは煩悩《ぼんのう》の支配から魂を守ることができるのである。

◎魂を煩悩の支配から守るために必要な心得

魂願《こんがん》を成就《じょうじゅ》したいと願って生まれてきたにもかかわらず、カルマに呑《の》まれて人生を終えてゆくとしたら、これほど残念なことはないでしょう。カルマの力は私たちの受発色《じゅはっしき》が煩悩に支配されるとき、引き出されてきます。では、煩悩に支配されないようにするにはどうしたらよいのでしょうか。

そのために、私たちが常に携《たずさ》えておきたい心得が「三つの自覚」——「恩恵の自覚」「愚かさの自覚」「忍土の自覚」です。

心にこの三つの自覚のいずれかが欠如《けつじょ》しているとき、私たちの心は煩悩に支配され、カルマの力に呑まれてゆくのです。それゆえに、願いや志は変質し、最終的には挫折《ざせつ》を余儀《よぎ》なくされることになってしまいます。

◎恩恵の自覚

まず、「恩恵の自覚」──。それは、私たちが心から「有難《ありがた》い」と思える気持ちです。

人間は、自分のことしか心にないとき、「私がやっている」「私はできる」という想いに支配され、当然のことながら自《みずか》らの心を感謝の念で満たすことはできなくなります。

私たちの心の深いところから「ああ、本当に有難い」「本当によかった」という気持ちが生まれているとき、それは同時に私たちが自分を超える存在──ビッグクロスとの絆を心の中で感じているときではないでしょうか。

また、「ああ、あの方に助けていただいた」「あの方に救っていただいた」「あの出会いがあったお蔭《かげ》だ」と他者への感謝を抱《いだ》いているときも、私たちは同時に、そこに何らか見えない力がはたらいていて、人間や世界にはたらきかけている「大いなる存在」の力があっての出会いであると感じているはずです。そのとき、私たちの内側には「恩恵の自覚」が存在しているのです。感謝で満たされている心の中では、煩悩は魂を支配することはできません。「有難い」と思いながら、相手を責めたり傷つけたりすることはできないでしょう。なぜならその人たちは、その恩恵をお返しすべき相手であると思うからです。

◎愚かさの自覚

次の「愚かさの自覚」とは、「恥ずかしい」という気持ちであり、自らの未熟に対する深い赤心《せきしん》です。

どんなに懸命《けんめい》に生きたとしても、完ぺきな人はいません。何もできない無力な赤子として、投げ出されたようにして人生を始めた私たちは、そこにあった三つの「ち」（一一六頁参照）に束縛《そくばく》されて生きなければなりません。そうした人生の成り立ちから考えても、誰《だれ》もが未熟や歪《ひず》みを抱《かか》えざるを得ない存在です。いわば、「発展途上人《はってんとじょうじん》」なのです。その自らの未熟をあるがままに受けとめるとき、自然に湧《わ》き上がってくるのが「愚かさの自覚」です。

そして、この「愚かさの自覚」の基《もとい》に「恩恵の自覚」が存在しているということが、とても大切になってきます。「何をやっていたんだろう」「恥ずかしい」「申し訳ない」という「愚かさの自覚」は、「恩恵の自覚」があればこそ、次の瞬間、「どうにかしなければならない」「応《こた》えなければならない」という願いと志に転換するのです。

「恩恵の自覚」がないときには、自らの未熟に対しても他に責任を転嫁《てんか》したり、「どうして私は駄目《だめ》なのか。何をやっても駄目、駄目……」と落ち込んでしまったりして、煩悩に呑まれて願いを引き出すことができません。そうだとしたら、それは本当の意味での「愚かさの自覚」には至っていないということです。

◎忍土の自覚

そして、最後は「忍土の自覚」です。「尽《つ》くしたい」という心です。忍土とはもともと仏教の世界観で、心の上に刃《やいば》が乗っているようなつらい場所という意味です(五六頁参照)。

この世界は「諸行無常《しょぎょうむじょう》」の世界であり、すべては移ろい、一瞬としてとどまることなく変化しています。だから、この世界は壊《こわ》れやすくつくり難い世界です。

また同時に、この世界は「諸法無我《しょほうむが》」の世界であり、すべてが様々な関わりの中で存在しています。だから、予期せぬことも起こり、ときに私たちは連鎖倒産《れんさとうさん》や不渡《ふわた》りなど、世界からのとばっちりを受けることもあります。交通事故の危険もあれば、自然災害に遭遇《そうぐう》するという危険もあります。また、感染症《かんせんしょう》に罹《かか》るということもあるでしょう。そうするつもりもなく、他を傷つけてしまったり、自分が傷つけられることになるのがこの世界なのです。

このように、諸行無常、諸法無我の理《ことわり》が貫《つらぬ》くこの世界は、私たちが堪《た》え忍《しの》ばなければならない場所であるということです。

この「忍土の自覚」が心にないとき、私たちの心は、煩悩に支配されることになります。苦《く》・衰退《すいたい》の傾向を持つ場合は「もう駄目。苦しい。逃げ出したい」と逃避《とうひ》の心が動き出します。苦《く》・暴流《ぼうりゅう》の傾向を持つ場合は「あの事さえなければこんな目に遭《あ》わずに済んだんだ」と他を責めたり、不満をぶつけたりすることになります。「忍土の自覚」が深まることによって、こうした暗転の受発色の回路に呑まれなくなるのです。

そして、この「忍土の自覚」は、先に触れた「恩恵の自覚」「愚かさの自覚」という二つの自覚を土台にしたとき、「忍土だから仕方がない」というあきらめを超えて、何が起こるのかが分からないのがこの世界だからこそ、「どうにか尽くしたい」「どうにかさせていただきたい」という想いへと転換することができるのです。

「恩恵の自覚」「愚かさの自覚」「忍土の自覚」の三つの自覚は、相互に関わり合う、三つで一つの境地でもあります。一つの自覚が本当に深まってゆくとき、他の二つの自覚も開かれてゆくのです。

そして、「三つの自覚」は、煩悩の支配から魂を守るものにほかなりません。願いや志を成就するために、私たちがずっと育み続けなければならないもの。そして、私たちが願いや志を抱いて、私たちの人生を開き、関わる世界を切り開いてゆくための心得として、なくてはならないもの——。それが、この「三つの自覚」であると思うのです。

23 「私が変わります」が道を開く

訪れる試練は内なる「心」とつながっているだけではなく、さらにその奥にある魂のテーマともつながっている。「試練—点検—私が変わります」とは、宇宙の指導原理《しどうげんり》と響《ひび》き合い、その魂のテーマに応《こた》えて生きる新しい生き方である。

◎「試練—点検—私が変わります」という新しい生き方

「魂の因果律《いんがりつ》」は、試練に対してどのように向き合うことを導《みちび》いているのでしょうか。

「人生に訪れる試練は、できうるならば避《さ》けて通りたい」——それは、多くの人にとっての率直な実感でしょう。しかし「3.『試練』という魂の感覚がある」で見たように、自分にとっては苦痛であったり、つらい出来事であっても、「魂の因果律」のまなざしから見たとき、そこには大切な「呼びかけ」が孕《はら》まれているのです。

例えば、「原因と結果の法則」を思い起こしていただきたいと思います。

「すべての結果には、必ずそれが現れる原因がある」

それは何を示しているのかと言えば、どんな出来事も何らかの「結果」として現れてきたものであるということです。そして、そのように受けとめたとき、私たちはその「原因」を自《みずか》らの内側に見出《みいだ》すことへ向かいます。しかも、出来事の「原因」は、どれもが内なる「心」とつながっているだけではなく、さらにその奥にある「魂のテーマ」ともつながっています。その「原因」を自らの内に探求してゆくステップが、ここで取り上げる「試練―点検―私が変わります」という新しい生き方なのです。

①試練を「呼びかけ」と受けとめる

その歩みはまず、試練を「呼びかけ」と受けとめてゆくことから始まります。降《ふ》りかかった出来事に対して、他人《ひと》のせいにしたり、自分とは関係ないと切り離して捉《とら》えるのではなく、その試練は偶然降りかかったものではなく、私自身が何かに気づき、より豊かな自分、新しい自分に成長してゆくための「呼びかけ」であり、「その事態に対して、はたらきかけることができる」と受けとめて、出来事をあるがままに意識化するステップです。

②受発色《じゅはっしき》を点検する

そして次のステップでは、そうした試練に対する自分の受発色の回路を点検してゆきます。問題や試練に対して、四つの偽我《ぎが》（快《かい》・暴流《ぼうりゅう》、苦《く》・暴流《ぼうりゅう》、苦《く》・衰退《すいたい》、快《かい》・衰退《すいたい》）のうちどの回路が動いていたのか、どんな想いが湧《わ》いてきたのか、なぜそう思ってしまうのかと点検してゆくのです。その取り組みの過程で、試練を引き起こしていた原因は、実は自分でも無自覚であった内なる「つぶやき」にあったことや、その試練こそ、新しい生き方へと踏み出すための促《うなが》しであったことなどの気づきへと導かれてゆきます。

③「私が変わります」の実践

こうして自ら自身のテーマがはっきりとしたなら、その呼びかけに応じて、具体的に「私が変わります」を生きることが最後のステップです。それには、想い方の癖《くせ》になっているつぶやきを転換してゆくことや、行為から変えてゆこうとするなど、様々な実践の道があるでしょう。とりわけ、それぞれの受発色の回路に応じて、日々のライフスタイルを整えてゆく「行《ぎょう》」の取り組み（三二二頁参照）は、「私が変わります」の具体的な実践となります。

◎「試練—点検—私が変わります」によって現実がこう変わる！

ここで、「試練—点検—私が変わります」に取り組まれたお二人の歩みの概略《がいりゃく》をご紹介したいと思います。

一人目は、レーザー機器輸入販売会社を経営する椎名博《しいなひろし》さん（五十代・仮名）の歩みです。椎名さんは、社員の志気《しき》向上をめざす中、まずご自身から「試練—点検—私が変わります」に取り組んでゆこうと志《こころざ》されました。

「指示待ちばかりで社員の志気が上がらない」というご自身が抱《いだ》いている会社の停滞感を払拭《ふっしょく》するために、「無記名でもいいから、社長である自分に足りないところがあれば、何でも言ってきてほしい」と意を決して宣言したのです。

すると、六十五項目に及ぶ意見書が提出されました。椎名さんにとって、それは受けとめ難《がた》いもので、まさに「試練」そのものと言えるものでした。とりわけつらかったのは、辛辣《しんらつ》なまでに椎名さんの不足点を指摘するその意見書は、会社設立当時から共にやってきた営業部長も一緒になって書いたものだったことです。

「どういうつもりだ。あなたは部長だろう。一緒にやってきたんだから、あなたも同罪だ。こんなときだけ社員の側に立つなんて……」と、許せない想いが次から次に湧いてきて、椎名さんは仕事も何も手につかない状態が続いたと言われます。

しかし長い葛藤《かっとう》の末に何とか心を建て直し、受発色の「点検」を始めました。「止観《しかん》シート」（三二四頁参照）と小著『祈りのみち』（三宝出版刊）によって、その怒りの想いを見つめてゆく中で、理不尽《りふじん》な立場に置かれて、多くの悲しみを抱《かか》えざるを得なかった母親の人生に行き着きました。その母親から「人は信じられない。お前は人を使う人間になれ！　でないと誰《だれ》もお前を大切にしてはくれない」と言われて育った椎名さんは、周囲に対して、何としても自分の有用性《ゆうようせい》を認めさせようと必死に生きてきたのです。それだけに意見書の内容は、その土台そのものを揺《ゆ》るがすものでした。そのことが見えてきたのです。

「私の中に人間や世界に対する強い不信感がある限り、相手がこの部長でなく、誰がここに来ても同じ問題が生まれるのではないだろうか。そうか、相手ではなく自分の内側にこそ原因があった。この私の想いこそが問題を生んでいたんだ！」。そう得心《とくしん》した椎名さんは、「社員と一から絆《きずな》を結び直したい」と願い、部長を信じようと決意。かつ営業中心、売上中心になっていた自分の内（心）が生み出していた他部門の志気のなさに気づくことになり、社内の活性化への大きな一歩を踏み出してゆかれることになります。まさに、椎名さんは「私が変わります」を実践してゆかれました。そしてその結果、現実としても過去最高の利益を上げるという、思いがけない果報《かほう》までもたらされたのです。

「問題や試練は本当に私の中から、まだ現れていない新しい私を呼び出してくれる」というのが、椎名さんの確かな実感です。

また、ニュースキャスターをされている岸本祥子《しょうこ》さん（五十代・仮名）に降りかかった試練は、上司からある日、突然、降板《こうばん》を言い渡されるという出来事でした。

「いつか降板の時期が来るとは覚悟《かくご》していましたけれども、こちらの状況も聞かず、上司から突然のように交替《こうたい》の要請《ようせい》があったんです……」と岸本さんは言われます。この試練が降りかかったとき、岸本さんは「ああ、私は駄目《だめ》なんだ……もう私は必要とされていないのでは……」と苦・衰退の回路に陥《おちい》ると同時に、「あれほど貢献《こうけん》してきた私に対して、いくら何でもそんな言い方はないでしょう」と怒りの気持ちが湧いてきて、苦・暴流の回路に呑《の》まれていったのです。

しかし、その「試練」を「呼びかけ」と受けとめて、自分の受発色を「点検」してゆくと、どうにも納得できないその二つの想いのルーツは母親との関わりにあったことに気づかれました。岸本さんは幼い頃よりずっと、母親から期待をかけられて育ってきたのですが、期待はしばしば厳《きび》しい評価となって返ってきたのです。上司との関係にも、その母親との関わりが投影《とうえい》されていました。「できない自分は駄目」と落ち込む一方、「でもそんな言い方はないでしょう。一生懸命《けんめい》やったのよ、分かって……」と幼児のように駄々《だだ》をこねている自分——。幼い頃のままでした。その幼い自分が見えてきたとき、祥子さんは思わず笑ってしまったそうです。

岸本さんは、長年心を重くしていた母親との関わりの再結《さいけつ》（絆の結び直し）に思い切って取り組むことにしました。そして『祈りのみち』（前掲）に向き合う中で、不遇《ふぐう》な環境のため、自分の可能性を伸ばせなかった母親の無念さが心に迫《せま》ってきました。幼くして母親を亡くし、次々に弟や妹も失ってしまった母の悲しみと寂しさ……。自ら自身に鞭打《むちう》って生きてきた母の頑張《がんば》り……。過度《かど》なまでの期待をわが子にかけ、厳しく育てることになった母親の人生の背景が見えてきたのです。初めは「謝《あやま》るのは母親の方だ」と思っていた岸本さんでしたが、次第《しだい》に、母親の深い心にまで想いを馳《は》せることができず、正論をぶつけてきた自分の方こそ謝らなければならなかった、と心の転換に導かれてゆきました。ほどなく次の仕事のことで、上司との打ち合わせの場が訪れます。そのときには、新しい受発色で、本心から自分のヴィジョンを語ることができたのです。岸本さんとしての「私が変わります」の実践でした。

岸本さんは、この試練をきっかけにして、深く母親の人生を愛することができるようになったばかりか、これからの十年にわたるヴィジョンまで描いている自分に変われたことに、ご自身でも驚《おどろ》かれています。「試練」を通して、本当の願いを発見し、生きることへと導かれたのです。

◎「私が変わります」は宇宙の指導原理と共鳴《きょうめい》してゆく生き方

このお二人の例からも分かるように、試練をこれまでの「結果」として現れてきたものと受けとめ、その「原因」を自分自身の内側に探求してゆく歩み——「試練—点検—私が変わります」は、そう生き続けることによって、自分自身の何が限界を生み、どこに超えるべきテーマがあったのかを浮き彫《ぼ》りにしてゆきます。さらに、テーマに取り組み、「私が変わります」を実践してゆくならば、解決への道が開かれ、これまで見えなかった新しい人生が見えてきます。

なぜなら、その生き方は、宇宙の指導原理と共鳴してゆく道そのものだからです。宇宙における森羅万象《しんらばんしょう》あらゆるものは、変わり続けることによって、その姿を保《たも》っています。マクロは無数の星々からミクロは私たちの肉体細胞に至るまで、新陳代謝《しんちんたいしゃ》を繰《く》り返すことによって「いのち」を保っているのが宇宙の理《ことわり》なのです。

私たち自身も、「私が変わります」を生きることによって、宇宙の流れと一つになって、新しい現実を生み続けることができるようになります。何よりもまず、心にわだかまりがなくなり、すっきりと、自らの後悔と願いを一つに結んで生きることができるようになることでしょう。そしてそれは、どうしても乗り越えられず壁になっていた問題に解決の道がついていったり、捻《ねじ》れたり、切れたりしていた人間関係に再結がもたらされるといった、魂のテーマそのものに応えて歩む生き方へとつながってゆくのです。

24 宇宙を貫《つらぬ》くエネルギーの流れ・因縁果報《いんねんかほう》

因縁果報の見方を体得《たいとく》するとき、人間の内なる魂の力を解放し、宇宙のエネルギーと響《ひび》き合うことによって、問題を解決してゆく道を生きることができる。

◎因縁果報――一切の現象《げんしょう》を貫いている「原因と結果の法則」

「すべての結果には、必ずそれが現れる原因がある」――この原因と結果の法則には、私たちの誰《だれ》もが同意するでしょう。

「魂の因果律《いんがりつ》」を知った私たちがめざしているのは、人間が関与する出来事も含《ふく》めて、世界に生起《せいき》する一切の現象に貫かれる「原因と結果の法則」を見極《きわ》め、その因果の糸を解きほぐしながら、新たな因縁因果を自《みずか》らの主導権をもって生み出してゆくことと言うことができます。

では、一切の現象を貫いているエネルギーの流れを、「原因と結果の法則」によってどのように捉《とら》えてゆくのか——それが、本章で触れる「因縁果報」という発想です。

◎すべての現象は、直接的な原因である「因」と間接的な原因「縁」が結びついた結果「果報」として生じる

「因縁果報」とは、もともと仏教の言葉ですが、すべての現象は、直接的な原因である「因」と間接的な原因「縁」が結びついた結果「果報」として生じる、という見方です。「原因」と「結果」ということに、「縁」という次元がもう一つ加わることによって、より複雑で多元《たげん》的な要素が関わる現象を分かりやすく捉えることができるようになります。

例えば、植物に花が咲き、実がなるという結果「果報」が生まれるためには、まず何よりも、種《たね》という「因」がなければなりません。でも、種をそのまま置いておいても、花は咲くことはありません。「因」としての種が、大地に蒔《ま》かれ、そこに太陽の光が注《そそ》がれ、養分も適宜《てきぎ》与えられて、初めて「花が咲く」という果報を得ることができます。この場合の大地や太陽の光、そして養分が、「縁」ということになるのです。

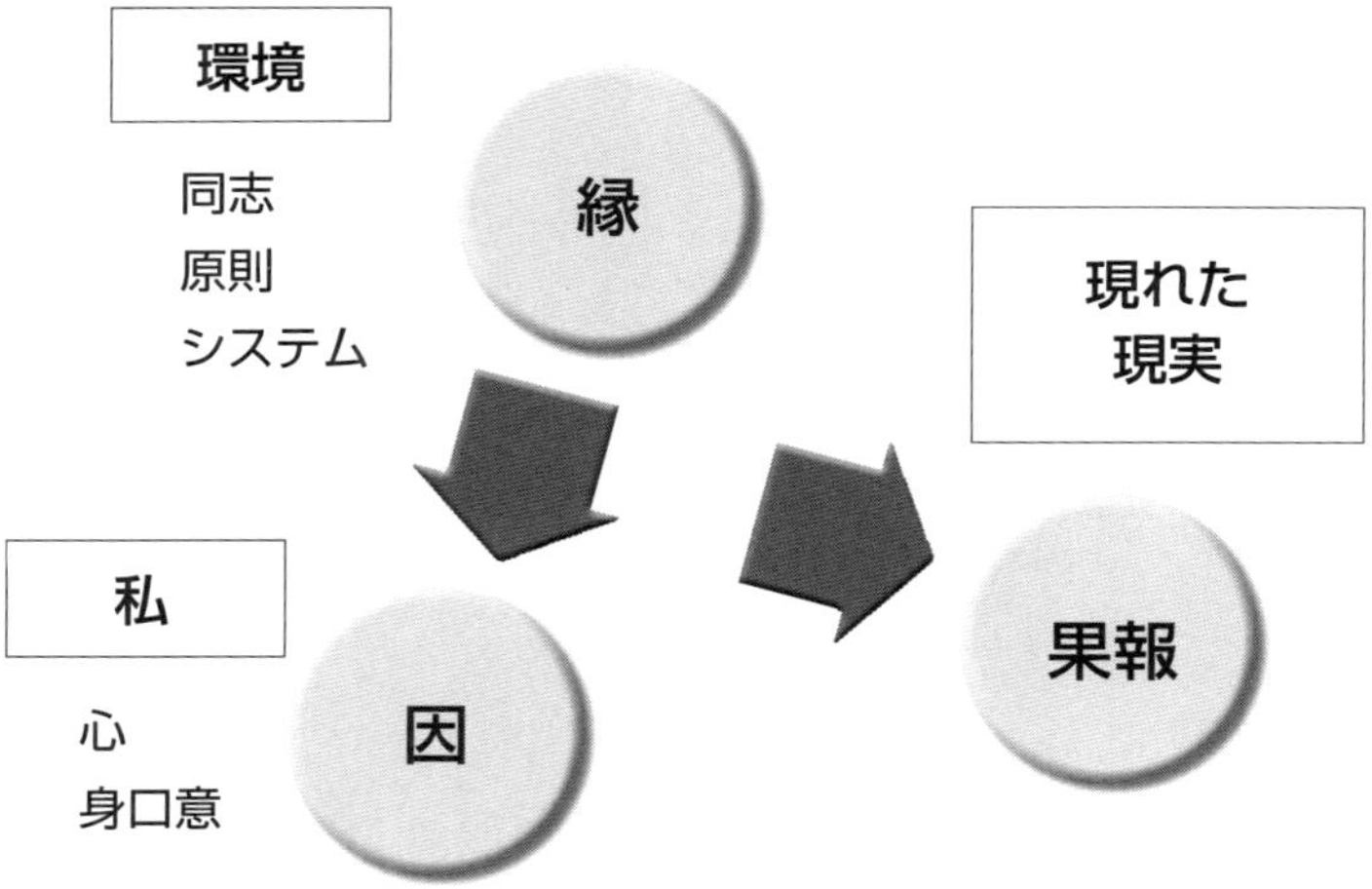
環境
同志
原則
システム
縁
現れた
現実
私
心
身口意
因
果報

因縁果報

私たちの身の周りに起こる出来事も、同じように捉えることができます。例えば、あなたの子どもが不登校になったとしましょう。そのとき「子どもの不登校」という結果「果報」は、親としてのあなた「因」と、他のご家族の方や担任の教師との関わり、また、家庭や学校につくられている原則やシステムという「縁」の結びつきから生じたと捉えるものです。

◎何を「因」の中心に据《す》えるか

ここで大切なことがあります。それは、何を「因」の中心に据えるか、ということです。とりわけ、私たちの周辺で起こっている出来事、例えば家庭内の問題とか、勤めている会社の出来事、また、住んでいる地域で発生している出来事など、自分自身もそのことに関与していて何とかしたいと思っている出来事である場合、大切なことは、自分自身をその中心である「因」に置くということです。

実際に問題が起こったときのことを思い起こせば、それが意外と難《むずか》しいことであり、「納得できない」と感じる方もいらっしゃるかもしれません。先ほどの子どもの不登校の例で言えば、「今の学校教育はなっていないから、こんなことになるんだ」「あの担任の教師は、子どもに対する愛情がまるで感じられない」「以前から問題の多い学校だから、どうにもならない」……などと受けとめることは、極めて自然だからです。

確かに、その事態をどの立場から見るかによって、何を「因」とし、何を「縁」とするのかが変わるのは事実です。しかしもしあなたが、その問題を解決したいと思っているのならば、たとえ人から誤解を受けようと、多少の苦痛を伴《ともな》うことがあったとしても「どうしても何とかしたい」と本当に願っているならば、「その事件の原因は自分にある」と自らに引き受ける必要があります。なぜなら、その出来事が起こっている主たる原因が、自分以外のものになった場合、その出来事に対する主導権を手放すことになってしまうからです。そして、事態を解決する鍵《かぎ》をあなた自身が握《にぎ》っているのかもしれないのに、それを自ら放棄《ほうき》するという行為にも等しいことになってしまうからです。

「この問題が起きたのは、自分の責任である。一体私に何を呼びかけているのだろうか。私にできることは何だろうか……」、そう自分自身に語りかけ、受けとめるだけで、事態はまったく違った解決の道を進み始めるはずです。例えば、先ほどの事例の場合、「最近仕事が忙しくて、子どものことは女房任《まか》せですっかり無関心になっていた。そう言えば、少し前に子どもがふっと無口になったり、声をかけても視線をそらすようなことがあった。あれは無言のうちに、私に何かを訴《うった》えていたのかもしれない。ああ、自分は鈍感《どんかん》だった。あのときに気づいて声をかけていれば、こんなことにはならなかったのかもしれない」とあなた自身の「因」が見えてくる。また「縁」である担任の教師との関わりも、「これだけの問題を抱《かか》える子どもたちを何十人もお世話している担任の先生は、本当に大変だったろう。なのに責任はすべて学校にあると批判して、何かと対立関係になってしまっていた」と、自らできることを放棄していた関わりの現実が、痛みとともに見えてくるのです。

そうすれば、「まずは、子どもと出会い、子どもの悩みをよく聞くことから始めよう」と自ら自身の「因」を転換し、「気になったことがあれば、担任の先生にも声をかけ、協力して子どもを守る環境をつくってゆこう」と「縁」を整えるという歩みも、とても自然な流れの中で生まれてくるようになるでしょう。こうして、暗転循環《じゅんかん》のエネルギーが流れ続けていた状態をとどめ、光転循環のエネルギーの流れへと転換する要《かなめ》が、「因」の中心に自ら自身を置く、ということです。

◎「因縁果報」の発想を生きたとき、人間の内なる魂の力を解放し、宇宙のエネルギーと響き合って、問題を解決してゆくことができる

自らを「因」の中心に据えて、「私が変わります」と具体的な実践を始めることによって、暗転循環のエネルギーの流れを、光転循環のエネルギーの流れへと転換している方は、もうすでにたくさんいらっしゃいます。こうして因縁果報の発想を日常生活の中で実践している皆さんが口々に語る、幾《いく》つかの特徴があります。

それは一つには、突発的《とっぱつてき》な出来事であっても、そのことに一喜一憂《いっきいちゆう》することがなくなる、ということです。すぐにあきらめたり歓《よろこ》んだりするという単純な決めつけや思い込みから自由になって、「どうしたらいいのか」の前に、「どうなっているのか」と事態を受けとめる心の構《かま》えをつくることができるようになります。

「問題が起こった背景には、どういう因縁があるのだろう」と自らに問いかけ、受けとめる感覚が深まるにつれて、形に現れた出来事の背後にあるエネルギーの流れが感じられるようになってきます。そして、どこに滞《とどこお》りがあり、なぜ暗転の力がはたらくのかが見えてきて、それは同時に、どこをどう改善したらよいのかという道すじを具体的に摑《つか》むこと

につながってゆくのです。

何よりも大きいのは、「その事態を生んでいた原因は私にある」と引き受ける中で、深い後悔とともに、「私はどうしてもこのことを大切にしたかった」と魂願《こんがん》が思い出されてくるということです。こうして目の前にある事態と魂願が一つにつながったとき、本気になって向き合おうと志《こころざし》が立ち、強いエネルギーが内から湧《わ》き上がってきます。

支点が定まれば、梃子《てこ》の原理によって大きな岩をも動かすことができるように、因縁果報の捉え方によって、目の前の大きな困惑も持ち上げることができるようになる——。そのように、自分を超えた力、「我《われ》ならざる力」によって導《みちび》かれることを実感できるのも、因縁果報の発想で生きたときの大切な特徴と言えるでしょう。

このように、因縁果報の見方を体得するということは、人間の内なる魂の力を解放し、宇宙のエネルギーと響き合うことによって、問題を解決してゆく道を生きるということです。因縁果報の発想を生きたとき、あなた自身の内からも無限の力が解放され、あなたが願ってやまなかった新しい現実を必ずや生み出してゆくことができるに違いありません。

25 必ず、最善を導《みちび》く道がある

「もう道はない」と思ったときでも、世界はどこかに一すじの道を用意している。どんなときでも「最善を導く道」は必ず一つは残されている。そして、その道を歩むとき、私たちは自力《じりき》を遙《はる》かに超えた宇宙の指導原理《しどうげんり》に導かれる。

◎「魂の因果律《いんがりつ》」を生きるとき、本当の人生を生きることができる

「魂の因果律」を生きるとき、私たちは「今」を深く生きることができます。暗転した現実をつくり出す自分の心の歪《ひず》みを捉《とら》え、それを転換して新しい人生を生きることができる。そして、つらく重い試練のときでも、そのときだからこそ届く、新生を促《うなが》す「呼びかけ」に応《こた》えることができます。

「魂の因果律」を生きるとき、私たちは「過去」の一切を受けとめることができます。人生の痛みも消し去りたい汚点《おてん》も意味あるものとして捉え、生き直すことができる。カル

マと受発色《じゅはつしき》の歪みゆえに繰《く》り返してしまった人生の失敗をとどめ、自《みずか》ら主導権をもって運命を切り開くことができます。

「魂の因果律」を生きるとき、私たちは新しい「未来」をつくるための目的を見出《みいだ》すことができます。何をしていても、どんなときでも「私はこのために生まれてきた」という願いを確かに生きているという歓《よろこ》びと充実感を生み出すことを可能にするのです。

このように「魂の因果律」は、私たちの「過去」と「現在」、そして「未来」に決定的な影響を与えるものです。その影響の中心は、私たちに人間と世界への深い信頼を取り戻させることでしょう。様々ないきさつの中で、人間と世界に対する信頼を失い、ニヒリズムに浸食《しんしょく》されてしまった人々――。「世の中、金と力がすべて」「どうせ世の中なんてそんなもの」「持てる者はますます富み、持たざる者はますます貧しくなるしかない」「他人《ひと》を信じるな、信じれば裏切られる」「未来に向かって本当の希望を持つこともできない」……。

「魂の因果律」によれば、なぜ人間と世界を信じられなくなったのか、なぜそうならなければならなかったのかを知り、それ以上に深い意味を与える世界の仕組みを知って、その信頼を取り戻し、人生との新しい付き合い方を始めることができるようになる――。生きる歓びを取り戻すことができるのです。

そして、その心境、人間と世界への信頼を言葉を換《か》えて表現するなら、いかなる瞬間、いかなる状況、いかなる現実に対しても、私たちには「必ず、最善を導く道がある」ということなのです。

◎どうすることもできないときにも一つは道がある

例えば、ある会社の経営者の男性は、会社の業績のことで苦しんでいました。資金繰《ぐ》りに追われ、それを乗り越えても業績は好転せず、ついには経営の存続《そんぞく》を問題にしなければならないところまで追いつめられてしまったのです。社員数百名を抱《かか》える会社の二代目として、何不自由ない環境に甘んじ、青年会議所の理事長、地域の名士として活躍していた頃の自分自身を思えば、何とみじめで絶望的なことでしょうか。

かつて社員は自分の所有物と見なし、人を動かすばかりだったこの方は、この苦境《くきょう》の中で、魂の道を真剣に学ばれるようになり、少しずつ自分を変えていました。自分の足で銀行や取引先を回っては頭を下げて、何とか会社を支えようとされていました。

私も折りあるごとにお会いしては励《はげ》まし、状況をお聴きして生き方の手がかりをお伝えしてきました。しかし現実の壁は重く、事態は厳《きび》しさを増していったのです。いよいよ倒産も覚悟《かくご》しなければならなくなった、重苦しさを抱えた出会いのときに、私はこうお話ししたのです。

「会社を閉めるにも閉め方があります。一人の経営者として、『親の魂』*注として、まだできることがあります」

その言葉に、この方はハッと我《われ》に返られたのです。「まだ、自分にも経営者としてできることがあるのか」、その表情に光が射《さ》し込みました。そしてこのときから、この方は一層一つ一つの仕事に心を尽《つ》くされるようになりました。周囲の方々が本当に頭が下がるほど献身《けんしん》的に、会社や社員のことに心を砕《くだ》かれていました。まだ会社の体力のあるうちにと、会社の不採算部門を整理しては、辞めていただかなければならない社員の方お一人お一人の再就職のめどをつけてゆかれたのです。

会社の規模はすっかり小さくなり、まだ試練はやみませんが、現在も時間を頂かれて会社は存続しています。何よりも大きなことは、こうした選択《せんたく》の中で、この方が会社の存在、そしてそこに働く一人ひとりを本当に愛する経営者になっていったことです。

この男性にとって――この方ばかりではなく多くの経営者にとって、経営の行きづまりは絶望以外の何ものでもありません。しかし、そのときにも人として意味ある生き方がある、歩むべき最善の道があることを教えてくれる出会いでした。

◎「魂の因果律」は人生を導く力を教えてくれる

また、あるご婦人の方の場合は、その人生を、とても受け入れることができないような理不尽《りふじん》な事件が支配していました。誠実で律儀《りちぎ》なご主人と結婚し、子どもを身籠《みご》もり新たな家族を迎えようとしていた頃、実母と再婚していた義父が、何と実母と夫の間の不倫《ふりん》を疑《うたが》い始めました。そしてある日、刃物を振るう痴話喧嘩《ちわげんか》になったとき、義父は止めに入った彼女の夫を刺《さ》し、彼女自身もお腹を刺されるという悲劇が起こってしまったのです。彼女とお腹の中にいた赤子は大事には至りませんでしたが、夫は命を失い、彼女は突然に奈《な》落《らく》の底に突き落とされ、幸せの一切を奪《うば》われました。以来、絶望の中で、彼女は母親に対して持って行きどころのない想いを持たざるを得ませんでした。当然、母親との関係は悲《ひ》惨《さん》そのものでした。ほとんど交流もなく、絶縁《ぜつえん》状態と言ってもよく、顔を合わせれば諍《いさか》いが絶えませんでした。どうしても自分が抱えた人生の痛みを、母親の存在と重ね合わせずにはいられなかったのです。「そんなに憎ければ、私を殺せばいい」。喧嘩になると実母は最後に決まって吐《は》き捨てるようにそう言い出すのでした。

その関係をどうすることもできない長い年月が過ぎて、彼女は、縁《えん》があって、GLA（一七九頁参照）と出会い、魂のことを学ぶようになりました。人間がなぜ、不自由になってしまうのか。誰《だれ》もが抱えざるを得ない心の歪み。その受発色ゆえに必然的に生じる問題の数々。分かっていてもどうにもならない繰り返し……。その理由《わけ》を知り、彼女は、少しずつ自由になってゆきました。

そして、同じように苦難や理不尽な仕打ちを受けとめながら、自らが神理によって生まれ変わることで事態を光転していった多くの実践者の歩みを、自分の目で見て確かめることによって、「過去」の生き直し、捻《ねじ》れてしまった関係の「再結《さいけつ》」（絆《きずな》の結び直し）ができるのだと信じられるようになっていったのです。そして、現実に母親と出会い、自らの本心から、これまでの想いを語り合われました。失われていた親子の心情を取り戻すことができたのです。

かつてならどうでしょう。この女性にとって、母親との関わりを結び直すというようなことが考えられるでしょうか。それはあり得ないことです。考えもつかない選択肢《し》です。しかし、「魂の因果律」の中で、彼女は自らその再結を望み、それを果たしてしまったのです。あり得ない選択をし、それを成就《じょうじゅ》してしまったということです。

心に刻んでいただきたいのです。私たちの世界には、人間の魂をどこまでも深化《しんか》させ、成長へと導こうとしてやまない力が流れているということ――。

大自然、生きとし生けるものの一切が人間を生かし、支え、育もうとしていることは、皆さんの中にも実感があると思います。近年、地球環境の破壊によって人類の未来が危《あや》ぶまれていることは、自然によって私たち人類がいかに生かされていたのかを、一層《いっそう》切実に伝えてくれています。それとまったく同じように、否《いな》、それ以上に、私たちの人生に訪れる出会いや出来事の一切が、私たちの魂の成長を促し、そのための智慧《ちえ》やチャンスを惜《お》しげもなく与えているということです。

◎信じるということはどういうことか

私たちの人生にはたらきかけているそんな見えざる力に想いを馳《は》せるとき、いつも私が心にイメージする、亡き父高橋信次《しんじ》との思い出があります。幼い頃より私が人生の疑問を探求するさなか、父もまた、人間と世界の真実を探求する一人の求道者《ぐどうしゃ》として歩んでいました。父は人情に厚く、いつも人を楽しく明るくするユーモアに富んだ人でした。しかし、ことが神様のことになるとまったく違ったのです。神仏を求める想いは真剣で命がけと言っても過言ではありませんでした。これほど神様のことを求める人がいるのかと思えるほど、純粋な父でした。そんな父と交《か》わした日常の何気ない会話が、また、真剣に人生を語り合った出会いの一齣一齣《ひとこまひとこま》が、まさに父から私に託《たく》されたバトンであり、遺言《ゆいごん》の一つ一つであったと、今になれば分かります。

例えば、私が中学生のときのことでした。当時クラブ活動で剣道部に所属していた私に、父はある日、剣道の稽古《けいこ》をつけてくれると言いました。そのとき、「お前はお父さんのことを本当に信じるか?」と聞かれたのです。私は即座《そくざ》に「はい」と答え、そこから稽古が始まりました。父はまだ中学生の私に容赦《ようしゃ》なく、脳震盪《のうしんとう》を起こすのではないかと思うほどの渾身《こんしん》の力で面《めん》を入れ、肋骨《ろっこつ》の骨が折れるのではないかと思うほどの力で胴《どう》を入れてきました。全身に痛みが走りましたが、父は私を鍛《きた》えてくれているのだからと自分に言い聞かせ、何度も転《ころ》んでは立ち上がって父の猛特訓《もうとっくん》に耐えていました。

そしてある瞬間、父の竹刀《しない》が私の喉元《のどもと》に真っすぐに入ってきました。そのまま私は後ろに押し倒され、壁にぶつかった反動でまた戻ってきて、そのまま倒れ込んでしまったのです。「何もそこまでしなくても……」と悲しく切ない想いに襲《おそ》われた私は、ただうなだれ、立つこともできず、じっと座《すわ》り込んでしまいました。そんな私に、父はニコニコしながら近づいてきて、このように語りかけました。

「一番初めに、『お父さんを信じるか？』と聞いたね。『信じる』と言葉ではいくらでも言える。でも、実際に任《まか》せることができない人はたくさんいる。強く打たれて自分の限界を見たとき、『どうして？　私は一生懸命《けんめい》やっている。私に悪意があるのではないか』と、心がコロコロ、動くんだよ」――。今でもそのときの父の言葉は、はっきりと私の心に刻まれています。

人間が生きることができるのは、足元を支えている「大地」があるからです。もし大地が私たちを支えていなければ、生きることすらおぼつかなくなります。生きているから、様々な出来事に出会い、試練にも遭遇《そうぐう》する。でも、その大本《おおもと》の生かされ、支えられていることを忘れ、信じる心を見失っていた私に向けて、そのとき父は、大いなる信――「人生を信じる」ということを教えてくれたのだと思います。

自分が支えられていることを忘れたとき、何か問題が起これば、「私はこんなに頑張《がんば》っている。なのになぜ分かってくれないの？」……とすぐに愚痴《ぐち》や不満が出てくるものです。でも、それは、驕《おご》り以外の何物でもなかったのです。

その後も試練があるたびに、亡き父のことを思い出します。あのとき、父が竹刀を向けて私に稽古をつけてくれたように、また折に触れ、神仏を求める姿を示してくれた父が人生全体に広がって、「もっと自分を鍛えなさい」「まだまだ甘い」と、今も私に竹刀を向け、稽古をつけてくれている――。まさに人生こそ、最大の教師であるという想いを一層確かにするのです。

◎神は背負うことができない試練を与えることはない

皆さんにもぜひそのことを思っていただきたいのです。厳しい試練が訪れたら、その試練は、私たちを鍛錬《たんれん》してくださるもの。「最善を導く道がある」と信じて関わっていったとき、必ず道は開かれる、と——。

なぜなら、その試練を与えながら、試練に応えて歩み始める私たちの一歩を、息を凝《こ》らしてずっと待ち続けている存在がいらっしゃるからです。大いなる存在——神は、その人が背負うことができない試練を決してお与えにはなりません。試練には、「私はここにいる。さあ、信じて飛び込んできなさい」と促《うなが》す、神から私たちに届けられた手紙が必ず託されているのです。その促しに応えて歩むとき、人間の力を遙《はる》かに超えた大いなる存在の光に浴《よく》し、人間と世界を導く「もう一つの力」に運ばれる、新たな人生を歩むことができるのです。

＊注　「親の魂」——他人《ひと》の痛みや歓びが、わがことのように切実に感じられ、他人に尽くさずにはいられないと心から願い、生きようとする人。詳しくは『いま一番解決したいこと』（高橋佳子著、三宝出版）三九頁参照。

26 誕生の門・死の門

誰《だれ》もが通ってきた誕生の門、誰もが通ることになる死の門。そこで私たちは、魂としての自分に立ち還《かえ》る。自《みずか》らが抱《いだ》いてきた後悔と願いを見つめ、魂として、人生を想い、振り返る。今一度、人生の全体を眺《なが》めてみよう。私たちは魂の存在。その原点に立ち戻るとき、現実は新たなものとして甦《よみがえ》るだろう。

◎すべて承知の上で、魂は自ら望んでこの世界に生まれてきた

いよいよ本書も、最終章を迎えることになりました。本書を通して繰《く》り返し述べてきたように、人は誰もが永遠なる魂として、どこまでも魂の深化《しんか》・成長を願って歩み続ける存在です。その魂にとって、「人として生きる」ということは、多くの苦難を試練として与えられるものであると同時に、何にも替《か》え難《がた》い歓《よろこ》びの瞬間にほかなりません。忘れてはならないことは、誰もが待ち望んで、この人生を生き始めるということなのです。

確かに人として生きるということは、決してたやすいことではありません。生まれてく

れば、「五感」という限られた知覚を通してしか、世界に触れることは叶《かな》わず、しかも、すべてを他に預けなければ決して生きてゆくことができない、無力な存在として生き始めることになるのです。世界には、相《あい》も変わらず混乱の諸相《しょそう》が溢《あふ》れ、人と出会えば傷つき、ときには自らも人を傷つけ、裏切る立場に立つことになります。また、地震などの災害や突発的な事故など、思いもかけない災厄《さいやく》に巻き込まれることも決して稀《まれ》ではないでしょう。「生きる」ということは、実に試練の連続です。

しかし、それらをすべて承知の上で、それでもなお、魂は、自ら望んで現象界《げんしょうかい》としてのこの世に誕生してきました。そのまま実在界《じつざいかい》、魂の次元に住《じゅう》していれば、魂としての精妙《せいみょう》な感覚を抱き続けながら、時を送ることができるはずなのに、なぜ、人はそこまでして、生まれてこようとするのでしょうか。

それは、この世界でしか、味わうことのできない経験があるからです。この世界でしか、魂にあるものを外に現すことができず、この世界でしか、人と出会い、共に語り合い、共に何かを成し遂《と》げることはできないからです。

実在界では決して味わうことのできない豊かな体験、直接経験に満ちているのが、この現象界であることを、魂は自らの体験としてよく知っているからです。

魂存在である私たちにとって、人としてこの現象界で生きるということは、憧《あこが》れに満ちた惹《ひ》きつけられてやまない時間であるということです。たとえ比べるもののない悲しみや苦しみ、つらさや後悔を味わうことになろうとも、魂は人間として生まれてくることを願わずにはいられないのです。

あなたもまた、そのような遙《はる》かな魂の物語を携《たずさ》えてこの世界にダイビングしてきた勇気ある魂にほかなりません。あなた自身の魂の所以《ゆえん》に、ぜひ想いを馳《は》せていただきたいのです。

◎誕生の門——遙かな後悔と願いを携えて

では、もう少し具体的に、「生きる」ということの意味を、「魂の因果律《いんがりつ》」のまなざしから眺《なが》めてみたいと思います。

実在界から現象界に生まれ出《い》でるとき、まず私たちは、「誕生の門」の前に立ちます。そのときの私たちは、通常の人生の中では経験したことがないほどの痛烈《つうれつ》な後悔を抱きます。

「かつての人生で、なぜ私はあんなことをしてしまったのか」「なぜあのとき、踏みとどまることができなかったのか」「なぜ、勇気を出して一歩道をつけることができなかったのか」「なぜ、もっと友人たちに声をかけて協力し合い、道を開くことができなかったのか」……。「チャンスの神様に後ろ髪《がみ》はない」という諺《ことわざ》がありますが、まさに私たちは、先に知ることができずに、後になってチャンスであったことを知り、深い後悔を抱くわけです。「もう二度とあのような失敗はしたくはない」「あのような諍《いさか》いは起こしたくない」「あのような別れはしたくない」……「誕生の門」の前に立った魂は、カルマ故《ゆえ》に失敗し、果たし得なかった願いを振り返って、強い後悔を抱くのです。

そして同時に、その後悔とともに、後悔の奥から「光の結晶《けっしょう》」のような切実な願いが湧き上がってきます。「もう一度生き直したい。かつて果たせなかったことに今一度挑戦し、そのテーマに向かいたい」「かつて深い友情を分かち合いたいと願って巡《めぐ》り会った同志なのに、関わりが捻《ねじ》れ、そのまま生き別れになってしまったあの人に、もう一度再会したい」「かつて守りたいと願いながら、滅亡へと追いやってしまった一族。その末裔《まつえい》と再び巡り会い、新しい共同体をつくるという前世《ぜんせ》の続きを果たしたい」。……魂の中に堆積《たいせき》した後悔が、新たな転生《てんしょう》に向かう願いとなってこの世界にやって来るのが、ほかならぬ人間であるということです。

こうして私たちは、カルマが引き起こした痛みある現実を悔《く》い、同時に、その後悔を生き直し、どうしても果たしたい願い、魂願《こんがん》を生きて具体的に未来を開くために、「誕生の門」の前に立ったのです。

◎一つ一つの出来事の中に、魂願とカルマが滲《し》み出る

そして私たちは、「誕生の門」をくぐり抜け、一切の記憶を忘却《ぼうきゃく》し、智慧《ちえ》を失うところから人生を始めました。忘却から始まる人生——それは、私たちがこの人生をゼロから始めることができる、ということでもあります。たとえどれほどの後悔を刻み、多くの人を傷つけてしまった過去の人生があったとしても、いったんゼロ地点に立って、もう一度生き直すことができる。カルマを超克《ちょうこく》し、魂願を果たすこともできるというチャンスが、この人生の始まりに与えられたということです。

そして、人として生きることの意味、人生の意味を考えるときに、どうしても踏まえて

おかなければならない現象界の特徴があります。それは、一つには「もの」に溢れている世界である、ということ。身の周りを見渡しても、天井があり、ライトがあり、テーブルがあり、床《ゆか》があり、腰掛けている椅子《いす》があります。このように、たくさんの「もの」が満ち溢れていることが、現象界の特徴の一つです。

もう一つは「こと」、出来事です。私たちはこの世界に生まれることによって、まず、「誕生」という出来事に遭遇《そうぐう》します。そして、「両親と出会う」という出来事、「兄弟に初めて出会う」という出来事。「初めて産湯《うぶゆ》につかる」という出来事……と、次から次に無数の出来事が、私たちめがけて押し寄せてきます。

やがて長じると、学校に通うようになり、同級生の中に大の仲良しもいれば、どうしても苦手な人、好きになれない人がいたという方もいらっしゃるでしょう。また、なかなか成績が上がらなかったという方、成績優秀で先生からよく誉《ほ》められたという方もいらっしゃるでしょう。

学校を卒業し、会社に就職しても、上司や部下との関わり、会社で担当することになる様々なはたらきなど、同じくそこには私たちを待ち受けている無数の出来事があります。

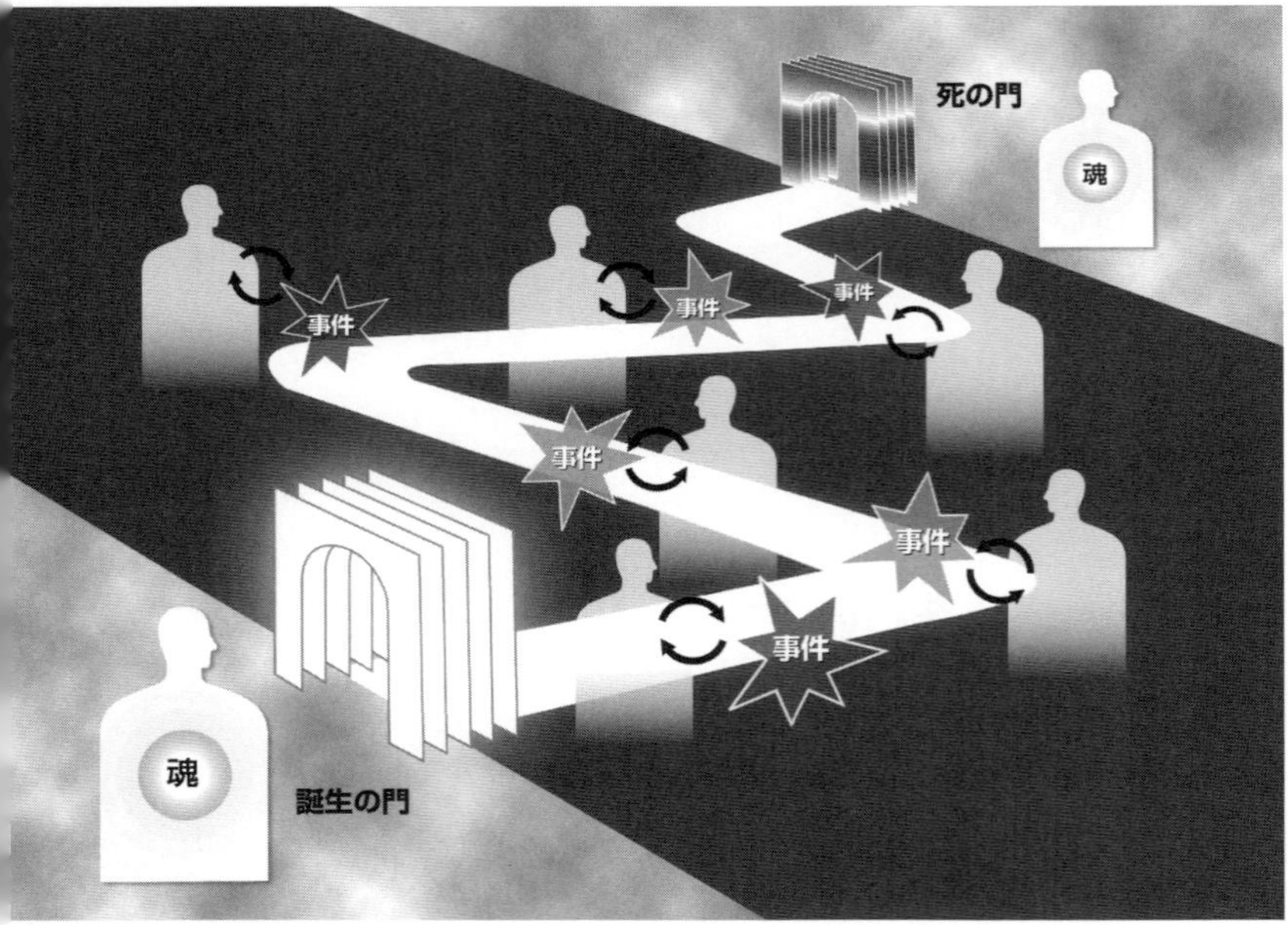

誕生の門・死の門

結婚すれば、伴侶《はんりょ》との新しい生活が始まり、親族同士の新たな関わりもそこから生まれてゆきます。子どもが生まれれば、子どもの友だちや進学など、そこからまた次々に、新しい関わりが始まってゆきます。

こうして様々な出来事に次から次に出会う中、私たちは、そのたびごとに何らかの判断をしています。「あの出来事は良かった、悪かった」「あの人は良い人、なかなか信じられない人」、また、「事態は良い方向に向かっている。なかなか芳《かんば》しくない」……等々、一つ一つの出来事を意味づけたり、物事の優先順位をつけたりしてきたでしょう。

人との関わりについても、「人とは表面的な付き合いをしておけばよい。本心など話したら、決していいことはない」と思えば、そのような人間関係を実際に結んできたと思います。また、「人は信じられるもの」と両親から言われ、自然にその価値観を受け入れれば、誰とでも仲良くなり、たくさん友だちができるという人生になってきたのではないでしょうか。

こうして私たち目がけてやって来る出来事、そしてその一つ一つの判断の中に、魂の中に孕《はら》まれている「魂願」と「カルマ」が滲み出ています。つまり、様々な「もの」や「こと」を通して、魂願とカルマは、この現象界に具体的な形を結んでゆくのです。

私たちの魂の内にあった「魂願とカルマ」は、人として生まれて以降、様々な「もの」と「こと」に出会う中でこの世界に現れ、一つ一つの出来事がまるで結晶のように固まって、私たちの人生の足跡《そくせき》として堆積してきたのです。

◎死の門——人生に現れた「魂願とカルマ」を振り返るとき

やがて、その私たちの人生にも終焉《しゅうえん》の時がやって来ます。一切を忘却し、「誕生の門」をくぐったところから始まるこの人生、無数の「もの」と「こと」に出会う中で、一つ一つの判断をし、行為をした結果の集積としてある、私たちの人生の歩みの全体をもう一度見つめる時が来ます。

一つの人生を終え、魂の感覚に目覚めて人生の歩みを総覧《そうらん》したときに、その人生の歩みの中に初めて見えてくる真実があります。それは、あの「誕生の門」を前にして立てた誓《ちか》い、前世から携えた後悔と願い（それは、とりもなおさず魂の中に刻まれている「魂願とカルマ」にほかなりません）は、果たして真《まこと》であったのか、偽《いつわ》りであったのか、ということです。魂の内にあるときには、自分自身でもその願いがどこまで確かなものであり、どこまで危《あや》うく、虚《むな》しい影のようなものであるのかは分かりません。しかし、こうして一つの人生を終えて、魂の次元から人生全体を振り返ったとき、私たちの目の前に、あからさまにその真の姿が浮かび上がって見えてきます。人生で出会った出来事、その一つ一つの判断や現れた結果の中に一人ひとりの「魂願とカルマ」が散りばめられており、「魂願とカルマ」の痕跡《こんせき》そのものが人生であると言っても決して過言ではないからです。

実際に数十年の歳月《さいげつ》、人生体験を経《へ》る中で、魂願は具体的にどれだけの現実を生み出したのか。そしてカルマは何を壊《こわ》し、どのような残念な結果を現象界に残してしまったのか、その現実と対峙《たいじ》する時を、あの世に旅立った魂は必ず持つことになるのです。

それは同時に、「転生の四つのテーマ」（一八〇頁参照）をどう生きたか、ということを振り返る時でもあります。この人生を通して、私たちの魂がどう成長し、テーマを修復することができたのか。再結《さいけつ》を願ったあの方と、どれほど絆《きずな》を結び合うことができたのか。果たし得なかった願いを、今世、どこまでどのように果たすことができたのか。そして、隣人に対し、世界に対してどのようにはたらきかけ、貢献《こうけん》することができたのか。

その一切の結果を、私たちは目《ま》の当たりにする時を迎えるのです。そして、そこで刻まれた後悔が魂の内より願いを引き出し、次なる転生を導《みちび》くエネルギーとなってゆくのです。

◎「魂の因果律」を生きるとき、私たちは幾《いく》つもの人生を体験することができる

いかがでしょうか。改めて、人として生きるとはどういうことか、「人生の意味」を「魂の因果律」のまなざしから尋《たず》ねたとき、この人生自体が、魂の深化・成長を果たす上でどれほど精緻《せいち》に、智慧深く編《あ》まれた仕組みであるのかと思わずにはいられません。そこに人《じん》智《ち》を超えた計《はか》らいを思うのは、きっと私一人だけではないでしょう。

そしてもう一つ、お伝えしたいことがあります。「魂の因果律」のまなざしをもって人生を捉え直したとき、私たちは一つの人生の中で幾つもの人生を体験し、何倍もの人生に匹敵《ひってき》するだけの価値を人生自身に与えることができる、ということ――。

本当ならば、一つの人生を終えて「死の門」をくぐったとき、人生全体を俯瞰《ふかん》して、初めて「しまった。また同じ失敗を繰り返してしまった」と後悔し、「もう一度、この人生

を生き直したい」と切実に願ったとしても、その後悔を実際に生き直せるのは次なる転生のときであり、それは、何十年も何百年も先のことになってしまいます。

しかし、「魂の因果律」を学んだ私たちは、肉の身を抱きながら、人生全体を俯瞰するまなざしを得ることができます。そして、魂が抱く痛烈《つうれつ》な後悔を、生き身をもって体験し、その具体的な後智慧《あとぢえ》をもって、即《そく》、そこから生き直すことができる、ということです。

その意味で、「魂の因果律」とは、まさに「人生増幅《ぞうふく》の原理」とも言うべきまなざしであるということです。

そのようなまなざしで、改めて人生そのものを見つめ直したとき、そこには、人間が再生し、新生するリズムが無数に存在することが分かります。

例えば、「一年」というリズムを「魂の因果律」のまなざしから見つめ直すと、どうなるでしょうか。一年の始まりのとき、正月は、まさに新たな人生の始まり、「誕生の門」の前に立っている私たちと言えるでしょう。新しい一年を自らの新生の時とするための鍵《かぎ》は、まず何よりも、過ぎ去りし一年をどう歩んだのかを振り返ること。一年の歩みを振り返ったとき、どんな出来事が後悔として刻まれているのか。そして、「これが私の願いだった」と思えるような出来事にはどんなことがあったのか、心に蘇《よみがえ》らせてみること。そして、一年の間に出会った出来事からの「呼びかけ」を聴き、そこに孕《はら》まれる「魂願とカルマ」を見出《みいだ》そうとすることです。後悔から目をそらすことなく、真正面から引き受け、後悔の中にこそ孕まれている願いを、自ら自身の内にはっきりと定めることが大切です。

そして、その初心をいつも忘れずに一年を生きて迎える年末は、いわば「死の門」の前に立つ私たちと言えるでしょう。私たち日本人は、通例年末に「忘年会《ぼうねんかい》」という場を持ちます。それは年に一度の無礼講《ぶれいこう》で、お酒の力も借りて、一年の間に起こった嫌《いや》なことは全部吹き飛ばすように忘れてしまい、すっきりとした気持ちで新しい年を迎えたいという趣《しゅ》旨《し》があるように思いますが、一時はすっきりできても、一年経《た》つと同じような失敗を繰り返したり、嫌な想いに襲《おそ》われるならば、人生が本当にもったいないと思います。

私は年末には「刻年会《こくねんかい》」として、嫌なことも歓びもすべて一年の間に起こったことはしっかりと心に刻みつけて忘れない、という姿勢こそ大切にすべきではないかと思います。一年の歩みの中にこそ、もともとの願いを発見し、後悔を生き直す智慧が豊かに秘められているからです。

また会社に勤めている人ならば、一つのプロジェクトを立ち上げてから環《わ》にするまでのリズムもそのようなまなざしで捉えると、そこに新たないのちを吹き込むことができるのではないでしょうか。一つの人生がそうであるように、プロジェクトの立ち上がりに際しては、自らの願いをはっきりと立てる。そしてその願いを懸命に生きることに努め、最後、終了するときに、結果はどうだったのかを当初の願いに基づいて振り返る。そこで感じた後悔と新たに刻んだ願いは、必ずや、次なるはたらきに就《つ》くときにも、同じ失敗を繰り返さずに新たな現実を開くための生きた智慧となるに違いありません。

このように、人生の中に生起《せいき》する出来事の中に、一生のごとき営《いとな》みを見出し、その循環《じゅんかん》のリズムを生き続けるという姿勢は、例えば、一日を一生と同じ重みを持って生きることを説いた「一日一生」という教えの中に、また、一つ一つの出会いは人生においてただ一度の出会いであり、全身全霊、誠意を込めて出会うことを説いた「一期一会《いちごいちえ》」という茶の湯の思想の中にも窺《うかが》うことができます。

大切なのは、そうした歩みを重ねる中で、次第に私たちの中に明らかになってくる魂の感覚を取り戻す、ということです。「誕生の門」を前にしたときに感じた後悔、その後悔を願いに変えて、新たな生き直しの時を切実に望んだその魂の感覚をもって、「今」というこの一瞬を生きる、ということ。

魂の感覚からするならば、この現象界での生活は、歓びと発見に満ちた瞬間の連続です。魂と肉体が融合《ゆうごう》して生きる限られた命の時間、この「受発色《じゅはっしき》」ができる時にしか果たせないことがある。この時にしか体験できないことがある。この時にしか、出会えない人がいる――。そして、毎日繰り返す何気ない行為や出来事の連続が、懐《なつ》かしく、いとおしくてならないことを、数限りない人生の体験を通して、私たちは魂に刻み続けているのです。

人間として生きるということ――。

それは、呼吸をするということ。毎朝起きて、会社に出かけること。「行ってきます」と言えば、「行ってらっしゃい」と返ってくる声があるということ。上司から認められ、やった！　と歓声を上げること。子どもの成長に、歓びを感じること。親しい友との別れに涙を流すこと。失敗するたびに、もう駄目《だめ》だと落胆《らくたん》すること。頑張《がんば》っても人から認められず、孤独を噛《か》みしめること。風のそよぎに春の息吹《いぶき》を感じること。夏の太陽の光に、ぬくもりを感じること。秋の夕焼けに、ふるさとを思うこと。病の床に伏《ふ》せること。自由のきかなくなった体に、死を予感すること――。

自分にとって都合が良いとか悪いとか、うまくいったとか失敗したとか、人から認められたとか認められなかったとか、そうした快苦や善悪といった価値の次元を超えて、人生に生起《せいき》するすべての出会いと出来事が、当たり前のように思える日常の何気ないやり取りも含《ふく》めてすべての瞬間が、等しく大切に、かけがえなく、いとおしく思える感覚こそ、魂がもともとこの地上界での生活に抱いている感覚なのです。

願わくば、私たちが日々、そのような魂の本質に立ち還って、聖なる一日一日を過ごすことができますように。どうしても果たしたかった願いを果たし、どうしても結び合いたかった絆を取り戻し、人生の最期《さいご》、「本当に生まれてきてよかった」とすべてに感謝して旅立つことができるように、心を尽《つ》くして祈りを捧《ささ》げたいと思います。

「魂の因果律」を生きる
実践ガイド

(1)一瞬の現実から人生の秘密を解く方法——止観《しかん》シート

一瞬の現実——。それは、私たちの心＝受発色《じゅはっしき》の反映であると同時に、「魂願《こんがん》」と「カルマ」の現れにほかならない。そこには、私たちの人生を生み出した理由《わけ》が隠《かく》れている。「止観」とは、その理由を生きるための第一歩である。

◎日々の中で、「魂願」と「カルマ」に迫《せま》る

「魂の因果律《いんがりつ》」は、目の前に現れている出来事が偶然に降りかかってきたものではなく、私たち自身にとって「必然」を抱《いだ》いたものであり、魂のテーマ——「魂願」と「カルマ」と分かち難《がた》く結びついていることを教えています。

つまり、出来事とは、常に「結果」として現れてきたものであり、その「原因」を自《みずか》らの内側に探してゆくならば、自らの「魂願」と「カルマ」に迫ってゆくための鍵《かぎ》が見つかるということです。

その一つの方法が、「止観」です。心を止めて、神理のまなざしで受発色を観《み》る。そのことを通じて、私たちは自らの現実を転換し、「魂願」と「カルマ」という畢生《ひっせい》のテーマに迫ってゆくことができるのです。それを誰《だれ》にも可能にした実践の一つが、「止観シート」というものです。

ただ、「受発色」の回路を点検することは、思うほどにたやすい取り組みではありません。「受発色」の回路は、電光石火《でんこうせっか》のスピードで一瞬のうちに動くからです。それだけに、まず自覚的に止めて観る（止観する）ことが必要です。その取り組みを通して、私たちは、自分にどんな受信・発信の癖《くせ》があるのか、その心の傾向を把握《はあく》する内的鍛錬《たんれん》を日常の中で積むことへと導《みちび》かれてゆきます。

◎「止観シート」に取り組んでみよう

■〈出来事〉の記入

まず〈出来事〉の欄《らん》では、瞬時《しゅんじ》に動く「受発色」を摑《つか》むためにも、カメラのシャッターを切るように一つの場面に絞《しぼ》ることが大切です。ですから、「止観シート」一枚につき、一事実に絞ります。そして起こった事実を、感情をさしはさまないように記入しましょう。例えば「朝礼時、私の発言に対して、部下がつまらなさそうなそぶりをしていた」と記入すると、もうそこには、「つまらなさそうな」という憶測《おくそく》や部下への先入観が入ってしまいます。実際は、部下は、その日の予定をイメージシミュレーションするために目を瞑《つむ》って集中していたのかもしれないのです。ですから、この場合なら、「朝礼時、私が発言しているとき、部下が目を閉じていた」と書けばいいでしょう。日記ではないのです。感情をはさまず、等身大《とうしんだい》に事実をあるがままに受けとめようとすることです。

なお出来事を選択するときに注意したいことは、私たちの傾向として、「苦」——嫌《いや》な出来事は意識化しやすいのですが、「快」——好ましい出来事は、よほど強い刺激でない限り、あまり問題視しないことが往々《おうおう》にしてあるということです。しかし、「快」の出来事も、何かに妨《さまた》げられると、途端《とたん》に「不快」に陥《おちい》ってゆくものです。ですから、「快」の出来事を探してみると、いろいろな出来事が浮き彫《ぼ》りになってくる場合があります。また「苦」についても、「こんな自分はあってはならない。見たくない」と突き放したり、押し込めたりしていると、目をそらして、避《さ》けてしまっている場合もあります。そもそも、「止観シート」は、誰かに見せるものでもありません。ましてや正解があるわけでもありませ

止観シート

中道を歩む：ちょっと待てよと止観する

年　月　日

出来事

感じ

↓

受けとめ

↓

考え

↓

行為する

出来事で出てきたつぶやき

どこでちょっと待てよをかけますか

氏名

ん。自分自身の「受発色」をあるがままに書くことが大切です。何のために取り組むのか、その原点を確かめ続けることが大切です。

■〈感じ〉の記入

出来事に対して、一番最初に動いた心の状態を記《しる》します。私たちの心のはたらきの基本は、快苦、共感と反感、引力と斥力《せきりょく》です。ここでは、まだ言葉に結ばれる前の心の動きを記しますが、その言葉にならない心の動きにもこの快苦、共感と反感のいずれかの方向が現れることに注意してください。例えば、「あっ！」「うっ！」「えっ！」「おー」「ほっ」……などの言葉にならないような心の動きです。

■〈受けとめ〉の記入

〈感じ〉の心の動きに対して、私たちは必ず意味づけをして受けとめようとします。例えば、「よかった」「何で？」「どうしよう」「まいった」「ふざけるな！」……などです。ここでは快苦に関わる気持ちがより具体的に現れることが多くなるでしょう。

■〈考え〉の記入

〈考え〉では、そのあとにいろいろ頭を駆け巡《めぐ》った考えや、次々に溢《あふ》れてきた想いを記入します。大抵《たいてい》は自分の共感や反感を確かめたり強めたりするような様々な想いが記されることになります。

■〈行為する〉の記入

そして〈行為する〉では、実際に誰か（周囲）に放った言葉や行動を記します。たとえ能動的な行為をしていなくても、例えば「沈黙《ちんもく》した」「じっとしていた」などの受動的な行為も入ります。

■〈出来事で出てきたつぶやき〉の記入

ここまで取り組んだら、さらには、私たちの想い癖《ぐせ》になっているような〈つぶやき〉――背景にある想い（人生の前提となっている偏《かたよ》った価値観や人間観・世界観、あるいは誤《あやま》った信念や思い込みなどの情動）を掴みます。このつぶやきが人生をつくってゆきます。それだけに、一瞬一瞬の受発色に影響を与えているつぶやきを掴んでゆくことは、人生をも変えてゆくことにつながってゆくのです。

■〈どこでちょっと待てよをかけますか〉の記入

最後の問いかけです。「止観シート」に取り組んだ場面では、出来事に対して自分の心の傾向がそのまま現れ、一気にそれぞれの回路の「感じ↓受けとめ↓考え↓行為」が生み出されてしまったわけです。この〈どこでちょっと待てよをかけますか〉の欄では、今後、同じような出来事が起きたら、どこで自分の受発色の回路にストップをかけるかを意識化します。そして実際に同じような出来事に出会ったとき、ストップをかけて新たな受発色を心がけるのです。

【事例①――藤田康夫さん（仮名、43歳・経営者）】

止観シート

中道を歩む：ちょっと待てよと止観する

出来事	E社でキャラクターグッズのプレゼンテーションを終えると、担当者のMさんが、「うーん、いつも感心しますけど、お宅の提案は、アイディアも価格も品質も申し分ないですね」と言った。
感じ	ググググッ
受けとめ	やったね！
考え	これで決まりだな。センスもあるし、努力もしているもんなあ。やっぱり分かっちゃうんだなあ。これでだいじょうぶ、もうかるぞ。でも、そんなこと思っていると分かっちゃまずいな。ここはちょっと謙遜しておこう。
行為する	「いえいえ、とんでもございません」と言った。
出来事で出てきたつぶやき	俺は人とは違う。人と同じことをやってちゃ馬鹿だ。金で苦労するのはみじめだ。
どこでちょっと待てよをかけますか	「やったね」と受けとめたとき

【事例②——山下恵子さん（仮名、51歳・主婦）】

止観シート

中道を歩む：ちょっと待てよと止観する

出来事 町内会の映画鑑賞会で、入場開始になってしばらくしたとき、Hさんが走ってきて「恵子さん、大変だ。司会の席を取っていない」と言った。

感じ えっ

↓

受けとめ しまった。

↓

考え 取っていない。もう席が埋まっている。取り返しがつかない。みんなにどう思われるだろう。どうしよう。どうしたらいいんだ。困った。困ったことになった。

↓

行為する 「どうしよう」とHさんに言った。

出来事で出てきたつぶやき 失敗したら駄目。
できなければ駄目。
もう終わり。

どこでちょっと待てよをかけますか 「しまった」と受けとめたとき

◎『祈りのみち』を手がかりに本心を摑む

前頁に記入例を示します。「止観シート」は日々継続して取り組むことがとても大切ですが、何枚取り組んだから、効果が現れるというものではありません。効果を求めて逸《はや》る気持ちは脇に起き、一枚一枚を丹念《たんねん》に、新しいライフスタイルとして取り組むことです。

もちろん「止観シート」は、受発色を把握《はあく》することだけが目的ではありません。次に吟味《ぎんみ》・浄化《じょうか》し、変革する段階に入ります。そのときに大切なことは、「私は本当はどうしたかったのか」……と自らの本心を尋《たず》ねる歩みです。そのための手がかりの一助として、小著『祈りのみち』(三宝出版刊)を併用《へいよう》されることをお勧めします。その時々に生じる表面的な感情の背景に、どのような情動が横たわっているのか――。さらにその情動を深く遡《さかのぼ》ってゆき、魂のテーマへと誘《いざな》ってくれるはずです。

◎「永遠」の魂として「今」を生きる道へ

普段の私たちは、現実的な要請《ようせい》や関心事の中に生き、魂のことは、ほとんど意識に上《のぼ》らせることはないかもしれません。しかし、自らの「受発色」を見つめ続け、変革し続けてゆくなら、やがて一瞬の「受発色」の中に、永遠の生命としての魂の道ゆきが透《す》けて見えるようになるのです。

そのとき、「今」という瞬間と「永遠」という遙《はる》かな流れが一つにつながることでしょう。忘れてしまった魂の感覚が、私たちの中で蘇《よみがえ》るのです。遠く離れていて、到底《とうてい》結びつかなかった「今」と「永遠」とを結んで生きることができる――。永遠の魂としての感覚を忘れることなく、今という瞬間を生きる道があるのです。

(2) 魂願《こんがん》を生きるためのライフスタイル――「行《ぎょう》」の実践《じっせん》

私たちの心=受発色《じゅはっしき》を転換し、新しい現実を生み出す生き方がある。受発色に現れるカルマをも乗り越え、魂願を生きてゆく――。そのためのライフスタイルこそが「行」に基づいた生き方であると言えるだろう。

受発色を転換してゆくためには、私は何よりも日々のライフスタイルが大切だと思います。ここで提案するライフスタイルは、古来より道を求める人々の間で実践されてきた「行」の形を取っています。以下に、心=受発色の四つのタイプごとに、それぞれにふさわしい「行」を五つずつ、紹介したいと思います。あなた自身の受発色のタイプを確かめ、その中から「取り組んでみたい」と感じる「行」を一つか二つ選んで、ぜひ実践してみてください。必ずあなたの新しい現実を導《みちび》くはずです。

◎受発色を転換してゆくための日々のライフスタイル

私たちは、現実の世界は私たちの心の反映であり、現実は心=受発色という「原因」から生まれた「結果」であるということを知りました。

だからこそ、私たちは、自分の心を深く知り、その心を成長させる必要があります。「9.あなたの心だから放つことのできる光がある」(九八頁)において確かめたように、「快《かい》・暴流《ぼうりゅう》」「苦《く》・暴流《ぼうりゅう》」「苦《く》・衰退《すいたい》」「快《かい》・衰退《すいたい》」の心=受発色を転換することによって、まったく新しい現実を生み出すことができるようになります。

快・衰退

率直に語る行
回帰の行
持続の行
刻印の行
収斂の行

快・暴流

聞く行
同伴の行
陰徳の行
思遣の行
譲与の行

苦・衰退

持続の行
止悪の行
挑戦の行
喚起の行
貢献の行

苦・暴流

和顔愛語の行
内省の行
献身の行
調御の行
心を開く行

◎快・暴流――「独《ひと》りよがりの自信家」を超えるための行

■聞く行

常に自分を中心にしてしまう傾《かたむ》きに対して、他を大切にすることを実践する第一歩として、自分の言いたいことよりも、とにかく相手が伝えたいことに耳を傾けることです。そのとき、相手の言うことを聞きながらも、「言いたい」という自分の気持ちが先に立ったり、「ああ、それで……」と聞き流したりしていては、「聞く行」になりません。「今、自分はしっかりと相手を受けとめる心の広さをつくっているのだ」と自覚し、またそうした心を必ず育むことができることを信じていただきたいと思います。

■同伴《どうはん》の行

すぐに支配・命令の関係になってしまう傾向を砕《くだ》いて、同じ目の高さで一貫《いっかん》して相手を優先して関わることです。まず相手を深く知るために、何かを一緒に行うことが一番よいでしょう。いつもなら一方的に指示してしまうわけですから、仕事でも、家事でも、またちょっとしたことでも、実際に一緒に物事に取り組んでみるということです。

■陰徳《いんとく》の行

陰《かげ》で徳を積むことであり、自己顕示《けんじ》や自己宣伝を超えて、見えないところで他の人たちや全体のために心を尽《つ》くすことです。それは、「図《ず》」ではなく「地《じ》」を支える一因子《いちいんし》としてはたらくことであると言ってもよいでしょう。

■思遣《おもいやり》の行

やはり自分中心から相手のこと、他のことを中心に想い、いつ何時もその念を送り、尽くすことです。相手は本当は何を思い、何を考え、どうしたいのかを想像し、相手の気持ちになってみる――。そして、その人にとって一番良い道を思い、考え、選び、具体的に手をかけ、足を運び、胸を貸すのです。

■譲与《じょうよ》の行

普通なら飛びつきたくなるような、自分が得することや注目を浴《あ》びることなどを他者に譲《ゆず》り、むしろ逆に、大変で、目立たず、評価もされにくいことなどを自《みずか》ら進んで行うことです。また、ときには相手のために自分の時間や能力を使うなど、もっと積極的に周りの方のために自分が損《そん》だと思うことをしてみることも大切です。

◎苦・暴流――「恨《うら》みの強い被害者」を超えるための行

■和顔愛語《わがんあいご》の行

「和顔」とは微笑《ほほえ》みであり、「愛語」とは愛をもって語ることです。それは、本当の意味で隣人《りんじん》を愛する気持ち、すべての人を平等に思い大切にする気持ち――「すべての人に仏性《ぶっしょう》があり、かけがえのない方たちなのだ」という想いで出会うということです。出会う方お一人お一人の中に仏性があることを信じて、その仏性に心の中で手を合わせる気持ちで向かい合うことが大切でしょう。

■内省の行

他人や事態を責めたり、非難したりする前に、自分を見つめ、振り返ることです。まず、相手の失敗の中に「自分の責任はなかったか、自分に非はないか」と、自らの内側に向かって振り返り、相手に現れた問題を自分自身に引きつけることが大切なのです。そして、それができたなら、次に、小さなことでも良いから、自分なりの責任の取り方を考えて行ってみることが重要です。

■献身《けんしん》の行

自分のためではなく、誰《だれ》かのために身をもって尽くすということです。「これが足りない、あれが足りない」と批判をする前に、それに気がついたら、「自分に今、何ができるのだろう」と心を砕いて、実際にどのような小さなことでもよいから具体的に何かをしてさしあげることです。

■調御《ちょうぎょ》の行

揺《ゆ》れ動く感情に対し、その波に呑《の》み込まれずにコントロールし、心の中心軸を保《たも》つことです。怒りや不満の想いが出てきたときに、思わず口から出そうになる一言に「ちょっと待て」とストップをかけ、深呼吸《しんこきゅう》するなどして、その感情のエネルギーを鎮《しず》め、調御するのです。

■心を開く行

不信感や孤独癖《へき》を自らが砕いて相手に心を開き、新たなる信頼関係を築いてゆく歩みです。相手が自分に言葉をかけてくるのを待つのではなく、自分自身が自覚的に「私が変わります」と、心を開いて出かけてゆくことが大切です。

てゆく道のりでもあったのです。そして、あるときとうとう、これ以上共に過ごすことはできないと、別れを決意されることになりました。そして、藤村さんがその決意を郁恵さんに告げ始めたそのとき、不思議なことが起こったのです。

目の前の風景が急に霞《かす》んできて、霧《きり》がかかったような乳白色《にゅうはくしょく》の世界に変わってゆきました。藤村さんの魂は、霊的な次元に導かれていったのです。そして、胸の内からは、何とも言葉にし難い、懐《なつ》かしいような申し訳ないような想いが突き上げてくるのでした。目の前の郁恵さんがどれほど会いたかったその人であったか、一瞬のうちに思い出されたのです。思わず郁恵さんを抱きしめていました。突然のことではありましたが、藤村さんの想いは、言葉を超えたところで、以心伝心《いしんでんしん》のように郁恵さんに伝わりました。気がついたときには二人で抱き合って、滂沱《ぼうだ》の涙を流していたのです。

それ以来、お二人は、意見の違いからぶつかり合うことはあっても、心を開き、気持ちを通《かよ》わせ合うことができるようになりました。深い絆《きずな》で結ばれ、かけがえのない人生の親友となったのです。

「こんな日が来るなんて思いもしませんでした――」。郁恵さんは、そうおっしゃいます。

出会いたかったその人に出会っていても、再結《さいけつ》すべきその人と共に人生を歩んでいたとしても、三つの「ち」の違いによる軋轢《あつれき》や、立場や利害といった経緯ゆえのこだわりから、心を開き合うことができなくなってしまうのが人間です。そうして、やがて年老いて、せっかく出会えたその人と別れなければならない時が訪れる――。何と切なく哀《かな》しいことかと思うのです。お二人も神理に出会うことがなければ、そのような結末を迎えていたかもしれません。しかし、こうして再結（絆の結び直し）の道へと誘《いざな》われたのです。

■著者プロフィール

高橋佳子（たかはし けいこ）

現代社会が抱える様々な課題の根本に、人間が永遠の生命としての「魂の原点」を見失った存在の空洞化があると説き、その原点回復を導く新たな人間観・世界観を「魂の学」として集成。誰もが、日々の生活の中でその道を歩めるように、実践の原則と手法を体系化している。

現在、「魂の学」の実践団体GLAを主宰し、講義や個人指導は年間300回以上に及ぶ。あらゆる世代・職業の人々の人生に寄り添い、導くとともに、日本と世界の未来を見すえて、経営・医療・教育・法務・芸術など、様々な分野の専門家への指導にもあたる。魂の次元から現実の問題を捉える卓越した対話指導は、まさに「人生と仕事の総合コンサルタント」として、各方面から絶大な信頼が寄せられている。

1992年から一般に向けて各地で開催する講演会には、これまでに延べ140万人を超える人々が参加。主な著書に、『自分を知る力』『最高の人生のつくり方』『あなたがそこで生きる理由』『運命の逆転』『未来は変えられる！』『魂主義という生き方』『1億総自己ベストの時代』『希望の王国』『魂の発見』『新・祈りのみち』『あなたが生まれてきた理由』（以上、三宝出版）ほか多数。

あなたが生まれてきた理由《わけ》

2005年9月21日　初版第1刷発行
2020年7月21日　初版第14刷発行

著　者　高橋佳子
発行者　仲澤 敏
発行所　三宝出版株式会社
〒111-0034　東京都台東区雷門2-3-10
電話　03-5828-0600
https://www.sampoh.co.jp/
印刷所　株式会社アクティブ
装　幀　田形斉［IRON MAMA co.ltd］

ISBN978-4-87928-048-0